2025
제28회 시험대비 전면개정

박문각 주택관리사

핵심요약집 1차
회계원리

김종화 외 박문각 주택관리연구소 편

브랜드만족
1위
박문각

수상내역
후면표기

동영상강의
www.pmg.co.kr

합격까지 박문각
합격 노하우가 다르다!

박문각

박문각
주택관리사
핵심요약집

이 책의 머리말

주택관리사(보) 1차 회계원리 시험을 대비하며 '기본서'가 주는 방대함과 난해함 때문에 부담감과 어려움을 가지는 수험생을 위해 '핵심요약집'을 집필하였습니다.
'핵심요약집'은 말 그대로 회계원리의 핵심만을 요약하여 회독시간은 줄이고 회독수를 늘려 학습의 효율성을 극대화 할 수 있어야 합니다.

본 교재의 특징은

첫째 시험문제의 출제기준인 한국채택국제회계기준(K-IFRS)의 최근 개정내용('개념체계' 등)을 충실히 반영하였습니다.

둘째 복잡한 회계이론을 도표로 요약 정리하여 한눈에 이해할 수 있도록 하고 오랫동안 기억 속에 남도록 하였습니다.

셋째 계산문제는 출제할 수 있는 문제유형을 분류하고 가장 적합한 계산방법(도해법, 공식법, T계정법 등)을 제시하였습니다.

오랜 기간의 강의노하우를 압축한 이 '핵심요약집'이 수험생의 회계원리 공부시간을 크게 단축시켜 줄 것이라 확신합니다.
인생 이모작을 준비하시는 분들을 열렬히 응원하며, 여러분 모두의 합격을 진심으로 기원합니다.

2025년 4월
편저자 김종화

자격안내

자격개요

주택관리사보는 공동주택의 운영·관리·유지·보수 등을 실시하고 이에 필요한 경비를 관리하며, 공동주택의 공용부분과 공동소유인 부대시설 및 복리시설의 유지·관리 및 안전관리 업무를 수행하기 위해 주택관리사보 자격시험에 합격한 자를 말한다.

변천과정

1990년	주택관리사보 제1회 자격시험 실시
1997년	자격증 소지자의 채용을 의무화(시행일 1997. 1. 1.)
2006년	2005년까지 격년제로 시행되던 자격시험을 매년 1회 시행으로 변경
2008년	주택관리사보 자격시험의 시행에 관한 업무를 한국산업인력공단에 위탁(시행일 2008. 1. 1.)

주택관리사제도

❶ 주택관리사 등의 자격

주택관리사보 주택관리사보가 되려는 자는 국토교통부장관이 시행하는 자격시험에 합격한 후 시·도지사로부터 합격증서를 발급받아야 한다.

주택관리사 주택관리사는 주택관리사보 합격증서를 발급받고 대통령령으로 정하는 주택관련 실무경력이 있는 자로서 시·도지사로부터 주택관리사 자격증을 발급받은 자로 한다.

❷ 주택관리사 인정경력

시·도지사는 주택관리사보 자격시험에 합격하기 전이나 합격한 후 다음의 어느 하나에 해당하는 경력을 갖춘 자에 대하여 주택관리사 자격증을 발급한다.

- 사업계획승인을 받아 건설한 50세대 이상 500세대 미만의 공동주택의 관리사무소장으로 근무한 경력 3년 이상
- 사업계획승인을 받아 건설한 50세대 이상의 공동주택의 관리사무소의 직원(경비원, 청소원, 소독원 제외) 또는 주택관리업자의 직원으로 주택관리업무에 종사한 경력 5년 이상
- 한국토지주택공사 또는 지방공사의 직원으로 주택관리업무에 종사한 경력 5년 이상
- 공무원으로 주택관련 지도·감독 및 인·허가 업무 등에 종사한 경력 5년 이상
- 주택관리사단체와 국토교통부장관이 정하여 고시하는 공동주택관리와 관련된 단체의 임직원으로 주택관련 업무에 종사한 경력 5년 이상
- 위의 경력들을 합산한 기간 5년 이상

법적 배치근거

공동주택을 관리하는 주택관리업자·입주자대표회의(자치관리의 경우에 한함) 또는 임대사업자 (「민간임대주택에 관한 특별법」에 의한 임대사업자를 말함) 등은 공동주택의 관리사무소장으로 주택관리사 또는 주택관리사보를 다음의 기준에 따라 배치하여야 한다.

- 500세대 미만의 공동주택: 주택관리사 또는 주택관리사보
- 500세대 이상의 공동주택: 주택관리사

주요업무

공동주택을 안전하고 효율적으로 관리하여 공동주택의 입주자 및 사용자의 권익을 보호하기 위하여 입주자대표회의에서 의결하는 공동주택의 운영·관리·유지·보수·교체·개량과 리모델링에 관한 업무 및 이와 같은 업무를 집행하기 위한 관리비·장기수선충당금이나 그 밖의 경비의 청구·수령· 지출 업무, 장기수선계획의 조정, 시설물 안전관리계획의 수립 및 건축물의 안전점검에 관한 업무 (단, 비용지출을 수반하는 사항에 대하여는 입주자대표회의의 의결을 거쳐야 함) 등 주택관리서비스를 수행한다.

진로 및 전망

주택관리사는 주택관리의 시장이 계속 확대되고 주택관리사의 지위가 제도적으로 발전하면서 공동주택의 효율적인 관리와 입주자의 편안한 주거생활을 위한 전문지식과 기술을 겸비한 전문가집단으로 자리매김하고 있다.

주택관리사의 업무는 주택관리서비스업으로서, 자격증 취득 후 아파트 단지나 빌딩의 관리소장, 공사 및 건설업체·전문용역업체, 공동주택의 운영·관리·유지·보수 책임자 등으로 취업이 가능하다. 과거 주택건설 및 공급 위주의 주택정책이 국가경제적인 측면에서 문제가 되었다는 점에서 지금은 공동주택의 수명연장 및 쾌적한 주거환경 조성을 우선으로 하는 주택관리의 시대가 되었다. 이러한 시대적 변화에 맞추어 전문자격자로서 주택관리사의 역할이 어느 때보다 중요해지고 있으며, 공동주택의 리모델링의 활성화로 주택관리사들이 전문기법을 연구·발전시켜 국가경제발전에도 크게 기여하게 될 것이다.

자격시험안내

시험기관

소관부처	국토교통부 주택건설공급과
실시기관	한국산업인력공단(http://www.Q-net.or.kr)

응시자격 및 결격사유

❶ **응시자격:** 없음

※ 단, 시험시행일 현재 주택관리사 등의 결격사유에 해당하는 자와 부정행위를 한 자로서 당해 시험시행일로부터 5년이 경과되지 아니한 자는 응시 불가능

❷ **주택관리사보 결격사유**(공동주택관리법 제67조 제4항)

다음 각 호 어느 하나에 해당하는 사람은 주택관리사 등이 될 수 없으며 그 자격을 상실한다.

> 1. 피성년후견인 또는 피한정후견인
> 2. 파산선고를 받은 사람으로서 복권되지 아니한 사람
> 3. 금고 이상의 실형의 선고를 받고 그 집행이 끝나거나(집행이 끝난 것으로 보는 경우를 포함) 집행이 면제된 날부터 2년이 지나지 아니한 사람
> 4. 금고 이상의 형의 집행유예를 선고받고 그 집행유예기간 중에 있는 사람
> 5. 주택관리사 등의 자격이 취소된 후 3년이 지나지 아니한 사람(제1호 및 제2호에 해당하여 주택관리사 등의 자격이 취소된 경우는 제외)

시험방법

❶ 주택관리사보 자격시험은 제1차 시험 및 제2차 시험으로 구분하여 시행
❷ **제1차 시험문제:** 객관식 5지 택일형, 과목당 40문항을 출제
❸ **제2차 시험문제:** 객관식 5지 택일형 및 주관식 단답형, 과목당 40문항을 출제(객관식 24문항, 주관식 16문항)

시험의 일부면제

❶ 2024년도 제27회 제1차 시험 합격자(2025년도 제1차 시험에 한함, 별도 서류제출 없음)
❷ 2024년도 제1차 시험 합격자가 2025년도 제1차 시험 재응시를 원할 경우, 응시 가능하며 불합격하여도 전년도 제1차 시험 합격에 근거하여 2025년도 제2차 시험에 응시 가능

※ 다만, 2025년도 제1차 시험의 시행일 기준으로 결격사유에 해당하는 사람에 대해서는 면제하지 아니함

합격기준

❶ 제1차 시험 절대평가, 제2차 시험 상대평가(공동주택관리법 제67조 제5항)

국토교통부장관은 선발예정인원의 범위에서 대통령령으로 정하는 합격자 결정 점수 이상을 얻은 사람으로서 전과목 총득점의 고득점자 순으로 주택관리사보 자격시험 합격자를 결정

❷ 시험합격자의 결정(공동주택관리법 시행령 제75조)

> **1. 제1차 시험**
> 과목당 100점을 만점으로 하여 모든 과목 40점 이상이고 전 과목 평균 60점 이상의 득점을 한 사람
> **2. 제2차 시험**
> ① 과목당 100점을 만점으로 하여 모든 과목 40점 이상이고 전 과목 평균 60점 이상의 득점을 한 사람. 다만, 모든 과목 40점 이상이고 전 과목 평균 60점 이상의 득점을 한 사람의 수가 법 제67조 제5항 전단에 따른 선발예정인원에 미달하는 경우에는 모든 과목 40점 이상을 득점한 사람
> ② 법 제67조 제5항 후단에 따라 제2차 시험 합격자를 결정하는 경우 동점자로 인하여 선발예정인원을 초과하는 경우에는 그 동점자 모두를 합격자로 결정. 이 경우 동점자의 점수는 소수점 둘째자리까지만 계산하며, 반올림은 하지 아니함

시험과목

(2025. 03. 28. 제28회 시험 시행계획 공고 기준)

시험구분		시험과목	시험범위	시험시간
제1차 (3과목)	1교시	회계원리	세부 과목 구분 없이 출제	100분
		공동주택 시설개론	• 목구조·특수구조를 제외한 일반건축구조와 철골구조 • 홈네트워크를 포함한 건축설비개론 • 장기수선계획 수립 등을 위한 건축적산	
	2교시	민 법	• 총칙 • 물권 • 채권 중 총칙·계약총칙·매매·임대차·도급·위임·부당이득·불법행위	50분
제2차 (2과목)		주택관리 관계법규	「주택법」·「공동주택관리법」·「민간임대주택에 관한 특별법」·「공공주택 특별법」·「건축법」·「소방기본법」·「화재예방, 소방시설설치·유지 및 안전관리에 관한 법률」·「승강기 안전관리법」·「전기사업법」·「시설물의 안전 및 유지관리에 관한 특별법」·「도시 및 주거환경정비법」·「도시재정비 촉진을 위한 특별법」·「집합건물의 소유 및 관리에 관한 법률」 중 주택관리에 관련되는 규정	100분
		공동주택 관리실무	시설관리, 환경관리, 공동주택회계관리, 입주자관리, 공동주거관리이론, 대외업무, 사무·인사관리, 안전·방재관리 및 리모델링, 공동주택 하자관리(보수공사 포함) 등	

※ 1. 시험과 관련하여 법률·회계처리기준 등을 적용하여 답을 구하여야 하는 문제는 시험시행일 현재 시행 중인 법령 등을 적용하여 정답을 구하여야 함
 2. 회계처리 등과 관련된 시험문제는 「한국채택국제회계기준(K-IFRS)」을 적용하여 출제
 3. 기활용된 문제, 기출문제 등도 변형·활용되어 출제될 수 있음

이 책의 차례

PART **1**

재무회계

PART **2**

원가·
관리회계

01 PART 재무회계

제1장 기초회계원리

1. 기업의 순손익 계산

(1) **재산법**(assets & liabilities method) : 순자산접근법

> 기말자본 − 기초자본 = 순이익(− 인 경우 순손실)
> 기말자본 − (기초자본 + 추가출자 − 인출) = 순이익(− 인 경우 순손실)

(2) **손익법**(profit and loss method) : 거래접근법, 유도법

> 총수익 − 총비용 = 순이익(− 인 경우 순손실)

(3) **T계정 이용법**

(감소)	자 본 금		(증가)
인출금(감자)	×××	기초자본	×××
현금배당금	×××	추가출자(유상증자)	×××
당기순손실(비용)	×××		
기말자본	×××	당기순이익(수익)	×××

2. 회계의 순환과정

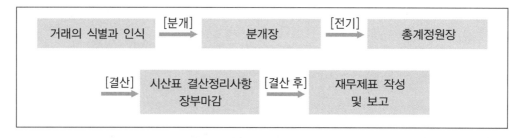

3. 거래(去來)

(1) 회계상의 거래

상품의 매매, 금전의 수입과 지출 등 결과적으로 기업의 자산·부채·자본의 증감변화를 일으키는 모든 사항을 말한다.

매매계약, 주문, 약속, 보관, 임직원 채용 등은 회계상의 거래가 아니다.

(2) 거래의 8요소

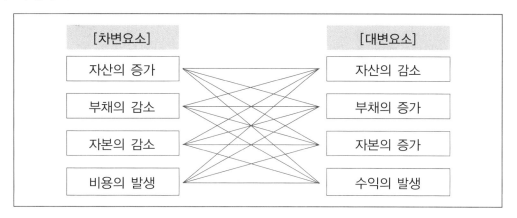

4. 결산(決算, closing)

(1) 의 의

일정기간(회계기간) 경과 후 기업의 재무상태와 경영성과를 파악하기 위하여 장부를 정리·마감하는 절차를 결산이라 한다.

(2) 결산절차

예비 절차	1. 시산표 작성 2. 재고조사표 작성(결산정리사항) 3. 총계정원장 수정 기입 4. 정산표 작성
본 절차	1. 총계정원장의 마감 　① 수익·비용 계정을 '(집합)손익' 계정에 대체 　② (집합)손익 계정의 잔액(= 당기순손익)을 '자본' 계정에 대체 　③ 자산·부채·자본 계정을 '차기이월'로 마감 ⇨ 이월시산표 작성 　⮌ 대체 : 어느 계정의 금액을 다른 계정으로 옮기는 것을 말한다. 　　　　　　　⇨ 대체시에는 반드시 대체분개 필요! 2. 분개장 및 보조부 등의 마감

(결산 후) **재무제표 작성**	1. 재무상태표
	2. 포괄손익계산서
	3. 현금흐름표
	4. 자본변동표
	5. 주석

5. 시산표(試算表, trial balance : T/B)

(1) 의 의

거래에 대한 분개와 총계정원장 기입이 정확하게 이루어졌는가(= 차·대변 합계금액이 정확한지)를 확인하기 위하여 작성하는 일람표이다.

> 시산표 등식: 기말자산 + 총비용 = 기말부채 + 기초자본 + 총수익
>   차변요소   대변요소

(2) 시산표에서 발견할 수 없는 오류

① 어떤 거래를 분개하지 않거나 전기하지 않은 경우(누락)
② 어떤 거래를 이중으로 분개하거나 전기한 경우(중복)
③ 대차를 반대로 분개했거나 전기한 경우
④ 실제와 다른 계정과목으로 분개했거나 전기한 경우
⑤ 대차 양변을 같은 금액으로 틀리게 분개했거나 전기한 경우
⑥ 두 가지 이상의 오류가 우연히 일치하여 상계된 경우

제2장 \ 재무회계이론

Thema 01 \ 재무회계

1. 재무회계의 목적

정보이용자들의 경제적 의사결정에 유용한 정보의 제공

자원의 효율적 배분	정보이용자들의 한정된 자원을 효율적인 기업으로 투자(배분)
수탁책임보고	경영자의 경영책임 수행 여부를 주주에게 보고

➷ 재무제표의 작성책임 : 경영자

2. 회계의 분류

구 분		재무회계	관리회계
목 적		외부보고(외부정보이용자의 경제적 의사결정에 유용한 정보의 제공)	내부보고(경영자의 관리적 의사결정에 유용한 정보의 제공)
정보이용자		외부이해관계자(투자자, 채권자 등)	내부이해관계자(경영자, 관리자)
기준(원칙)		일반적으로 인정된 회계원칙(GAAP), 법률, 관습 − 법적 강제력 있음	통일된 회계원칙이나 이론이 없다. 회계학, 경제학, 의사결정과학
정 보	• 시간성	과거지향적 정보	과거 · 미래지향적 정보
	• 자료범위	화폐적 정보	화폐적 · 비화폐적 정보
	• 정보범위	기업전체를 종합	부문별 · 제 구분
보고 방법	• 양식	재무제표	관리회계보고서(제한없음)
	• 보고시점	보통 1년(정기적, 연차/반기/분기)	필요에 따라 수시

3. 국제회계기준(IFRS)의 필요성과 특징

필요성	• 비용절감 • 회계정보의 국제적 비교가능성과 신뢰성 제고 • 상호이해가능성의 증진 • 자본시장의 활성화
특 징	• 원칙중심(재량부여) • 기본재무제표 : 연결재무제표 • 공정가치 측정 : 자산과 부채의 공정가치 적용 확대 • 주석공시의 강화(국가별 특성 반영)

Thema 02 \ 개념체계

1. 재무회계 개념체계

(1) 개념체계의 목적

① 회계기준위원회가 일관성있는 회계기준을 제정·개정함에 있어 도움

② 재무제표의 작성자의 기준적용 및 기준이 미비된 거래에 대한 회계처리의 지침

③ 모든 이해관계자가 회계기준을 이해하고 해석하는 데 도움

④ 회계처리방법의 수를 축소하기 위한 근거 및 조화시킬 수 있도록 도움

⑤ 감사인의 의견형성에 도움

(2) 개념체계와 국제회계기준의 관계

① 개념체계는 한국채택국제회계기준(K-IFRS)이 아니므로 K-IFRS에 우선할 수 없다.

② 개념체계는 수시로 개정될 수 있다.

③ 재무제표를 작성하는 경우 우선적으로 국제회계기준의 규정에 근거해야 한다.

④ 국제회계기준 규정이 없는 경우에는 다른 국제회계기준, 재무보고를 위한 개념체계를 순차적으로 참조하여 적용한다.

2. 일반목적 재무보고

(1) 일반목적 재무보고의 목적

현재 및 잠재적 투자자, 대여자 및 기타 채권자가 기업에 자원을 제공하는 것에 대한 의사결정을 할 때 유용한 보고기업 재무정보를 제공하는 것이다.

(2) 일반목적 재무보고가 제공하는 정보 : 경제적 자원과 청구권 및 그 변동

① 경제적 자원과 청구권에 대한 정보

② 경제적 자원 및 청구권의 변동에 관한 정보

③ 재무성과에 의한 경제적 자원 및 청구권의 변동

④ 재무성과에 의하지 않은 경제적 자원 및 청구권의 변동

(3) 일반목적 재무보고가 제공하는 정보 : 경제적 자원의 사용에 관한 정보

보고기업의 경영진이 기업의 경제적 자원을 얼마나 효율적이고 효과적으로 사용하는 책임을 이행하고 있는지에 대한 정보는 이용자들이 해당 자원에 대한 경영자의 수탁책임을 평가할 수 있도록 도움을 준다.

(4) 일반목적 재무보고의 유용성과 한계

구 분	내 용
유용성	현재 및 잠재적 투자자, 대여자 및 기타 채권자는 그들에게 직접 정보를 제공하도록 보고기업에 요구할 수 없고, 그들이 필요로 하는 재무정보의 많은 부분을 일반목적 재무보고서에 의존해야만 한다.
한 계	① 정보이용자가 필요로 하는 모든 정보를 제공하지 않으며 제공할 수도 없다. ② 보고기업의 가치에 관한 정보를 제공하지 않는다. ③ 정보이용자 최대 다수의 수요를 충족하는 정보를 제공하기 위해 노력할 것이다. ④ 정확한 서술보다는 상당 부분 추정, 판단 및 모형에 근거한다.

3. 유용한 재무정보의 질적특성

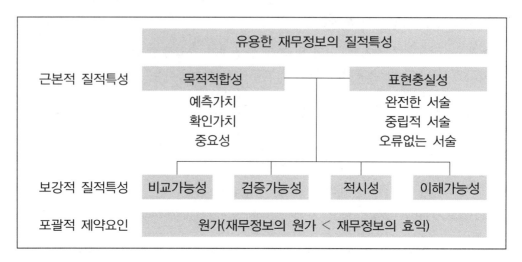

(1) 근본적 질적특성

① 목적적합성

구 분	내 용
목적적합성	목적적합한 재무정보는 정보이용자의 의사결정에 차이가 나도록 할 수 있다.
예측가치와 확인가치	㉠ 재무정보에 예측가치, 확인가치 또는 이 둘 모두가 있다면 그 재무정보는 의사결정에 차이가 나도록 할 수 있다. ㉡ 재무정보가 예측가치를 갖기 위해서 그 자체가 예측치 또는 예상치일 필요는 없다. ㉢ 재무정보가 과거 평가에 대해 피드백을 제공한다면(과거 평가를 확인하거나 변경시킨다면) 확인가치를 갖는다. ㉣ 재무정보의 예측가치와 확인가치는 상호 연관되어 있다.
중요성	㉠ 정보가 누락되거나 잘못 기재된 경우 특정 보고기업의 재무정보에 근거한 정보이용자의 의사결정에 영향을 줄 수 있다면 그 정보는 중요한 것이다. ㉡ 중요성에 대한 획일적인 계량 임계치를 정하거나 미리 결정할 수 없다.

② 표현충실성

구 분	내 용
표현충실성	㉠ 재무정보가 유용하기 위해서는 목적적합한 현상을 표현하는 것뿐만 아니라 나타내고자 하는 현상을 충실하게 표현해야 한다. ㉡ 충실한 표현 그 자체가 반드시 유용한 정보를 만들어 내는 것은 아니다.
완전한 서술	필요한 기술과 설명을 포함하여 정보이용자가 서술되는 현상을 이해하는 데 필요한 모든 정보를 포함하는 것이다.
중립적 서술	㉠ 재무정보의 선택이나 표시에 편의가 없는 것이다. ㉡ 중립적 서술은 편파적이 되거나, 편중되거나, 강조되거나, 경시되거나 그 밖의 방식으로 조작되지 않는다.
오류가 없는 서술	현상의 기술이나 절차상에 오류나 누락이 없는 정보를 제공하는 것을 말하며, 충실한 표현은 모든 면에서 정확한 것을 의미하지는 않는다.

(2) 보강적 질적특성

① 비교가능성

> ㉠ 의사결정에 더욱 유용한 정보가 되려면 제공되는 정보 항목 간의 유사점과 차이점을 정보이용자가 식별하고 이해할 수 있어야 한다.
> ㉡ 정보는 다른 기업에 대한 유사한 정보와 비교(기업 간 비교가능성)할 수 있고, 해당 기업에 대한 다른 기간이나 일자의 유사한 정보와 비교(기간 간 비교가능성)할 수 있다면 더욱 유용하다.
> ㉢ 비교하려면 최소한 두 항목이 필요하다.
> ㉣ 일관성은 비교가능성과 관련은 되어 있지만 동일하지는 않다.
> ㉤ 일관성은 한 보고기업 내에서 기간 간 또는 같은 기간 동안에 기업 간, 동일한 항목에 대해 동일한 방법을 적용하는 것을 말한다.
> ㉥ 비교가능성은 목표이고 일관성은 그 목표를 달성하는 데 도움을 준다.
> ㉦ 비교가능성은 통일성이 아니다.
> ㉧ 근본적 질적특성을 충족하면 어느 정도의 비교가능성은 달성될 수 있을 것이다.
> ㉨ 동일한 경제적 현상에 대해 대체적인 회계처리방법을 허용하면 비교가능성이 감소한다.

② **검증가능성**

> ⊙ 검증가능성은 정보가 나타내고자 하는 경제적 현상을 충실히 표현하는지를 정보이용자가 확인하는 데 도움을 준다.
> ⓛ 검증가능성은 합리적인 판단력이 있고 독립적인 서로 다른 관찰자가 어떤 서술이 충실한 표현이라는 데 대체로 의견이 일치할 수 있다는 것을 의미한다.
> ⓒ 계량화된 정보가 검증가능하기 위해서 단일점 추정치이어야 할 필요는 없다.
> ⓔ 검증은 직접적 또는 간접적으로 이루어질 수 있다.

③ **적시성**

> ⊙ 적시성은 의사결정에 영향을 미칠 수 있도록 의사결정자가 정보를 제때에 이용가능하게 하는 것을 의미한다.
> ⓛ 일반적으로 정보는 오래될수록 유용성이 낮아지나 일부 정보는 보고기간 말 후에도 오랫동안 적시성이 있을 수 있다(예 추세분석).

④ **이해가능성**

> ⊙ 정보를 명확하고 간결하게 분류하고, 특징지으며, 표시하면 이해가능하게 된다.
> ⓛ 일부 현상은 본질적으로 복잡하여 이해하기 쉽게 할 수 없다. 그 현상에 대한 정보를 재무보고서에서 제외하면 그 재무보고서의 정보를 더 이해하기 쉽게 할 수 있다.
> ⓒ 재무보고서는 사업활동과 경제활동에 대해 합리적인 지식이 있고, 부지런히 정보를 검토하고 분석하는 정보이용자를 위해 작성된다.

(3) **유용한 재무보고에 대한 원가 제약**(원가 < 효익)

① 원가는 재무보고로 제공될 수 있는 정보에 대한 포괄적 제약요인이다.

② 재무정보의 보고에는 원가가 소요되고, 해당 정보 보고의 효익이 그 원가를 정당화한다는 것이 중요하다.

4. 일반목적 재무제표

(1) 일반목적 재무제표의 목적과 제공하는 정보

재무제표의 목적은 보고기업에 유입될 미래순현금흐름에 대한 전망과 보고기업의 경제적 자원에 대한 경영진의 수탁책임을 평가하는 데 유용한 보고기업의 자산, 부채, 자본, 수익 및 비용에 대한 재무정보를 재무제표 이용자들에게 제공하는 것이다.

(2) 재무제표 작성의 가정 : 계속기업

재무제표는 일반적으로 보고기업이 계속기업이며, 예측가능한 미래에 영업을 계속할 것이라는 가정 하에 작성한다.

역사적원가주의, 감가상각, 수익비용대응 개념 및 유동성배열법은 모두 계속기업가정을 근거로 한 것이다.

(3) 재무제표 작성의 기간 : 보고기간

재무제표는 특정기간의 보고기간에 대하여 작성되며, 기업의 자산, 부채 및 자본과 수익과 비용에 관한 정보를 제공한다. 또한 재무제표는 최소한 직전 연도에 대한 비교정보를 제공한다.

(4) 재무제표에 채택된 관점 : 보고기업

재무제표는 기업의 현재 및 잠재적 투자자, 대여자와 그 밖의 채권자 중 특정 집단의 관점이 아닌 보고기업 전체의 관점에서 거래 및 그 밖의 사건에 대한 정보를 제공한다. 보고기업은 단일의 실체이거나 어떤 실체의 일부일 수 있으며, 둘 이상의 실체로 구성될 수도 있다. 보고기업이 반드시 법적 실체일 필요는 없다.

5. 재무제표의 요소

(1) 재무제표의 요소

① 재무상태

구 분	내 용
자 산	㉠ 자산(Asset)은 과거 사건의 결과로 기업이 통제하는 현재의 경제적 자원이다. ㉡ 경제적 자원은 경제적 효익을 창출할 잠재력을 지닌 권리이다. ㉢ 자산으로 정의되기 위한 요건에는 현재권리의 존재와 경제적 효익을 창출할 잠재력, 통제의 세 가지가 있다. ㉣ 물리적 형체, 법률적 통제가 필수적인 것은 아니다. ㉤ 지출의 발생과 자산의 취득은 일치하지 않을 수 있다.
부 채	㉠ 부채(Liability)는 과거 사건의 결과로 기업이 경제적 자원을 이전해야 하는 현재의무이다. ㉡ 부채로 정의되기 위한 요건에는 현재의무의 존재, 경제적 자원의 이전, 과거사건의 결과로 의무존재 세 가지가 있다. ㉢ 확정부채 뿐만 아니라 추정부채, 의제의무도 포함된다.
자 본	㉠ 자본(Equity)은 기업의 자산에서 모든 부채를 차감한 잔여지분이다. ㉡ 재무상태표에 표시되는 자본의 금액은 자산과 부채 금액의 측정에 따라 결정되므로 자본총액은 그 기업이 발행한 주식의 시가총액이나 순자산공정가치와는 다르다.

② 경영성과

구 분	내 용
수 익	수익(revenue)은 자산의 유입이나 증가 또는 부채의 감소에 따라 자본의 증가를 초래하는 특정 회계기간 동안에 발생한 경제적 효익의 증가로서, 자본청구권 보유자의 출자와 관련된 것은 제외한다.
비 용	비용은 자산의 유출이나 소멸 또는 부채의 증가에 따라 자본의 감소를 초래하는 특정 회계기간 동안에 발생한 경제적 효익의 감소로서, 자본청구권 보유자에 대한 분배와 관련된 것은 제외한다.

(2) 재무제표 요소의 인식과 제거

① 재무제표 요소의 인식

인식은 자산, 부채, 자본, 수익 또는 비용과 같은 재무제표 요소 중 하나의 정의를 충족하는 항목을 재무상태표나 재무성과표(포괄손익계산서)에 포함하기 위하여 포착하는 과정이다.

② 인식기준

구 분	내 용
정의 충족	자산, 부채, 자본과 수익, 비용의 정의를 충족하는 항목이
목적적합한 정보의 제공	자산, 부채, 수익, 비용 또는 자본변동에 대한 목적적합한 정보를 제공하며
표현충실한 정보의 제공	자산, 부채, 수익, 비용 또는 자본변동에 대한 표현충실한 정보를 제공하고
인식에 대한 원가제약	인식 효익이 인식의 원가를 초과하는 경우에만 자산이나 부채를 인식한다.

③ 인식요건

㉠ 그 항목과 관련된 미래 경제적 효익이 기업에 유입되거나 기업으로부터 유출될 가능성이 높다.

㉡ 그 항목의 원가 또는 가치를 신뢰성 있게 측정할 수 있다.

④ 제거기준

제거는 일반적으로 해당 항목이 더 이상 자산 또는 부채의 정의를 충족하지 못할 때 발생한다.

구 분	내 용
자산의 제거	자산은 일반적으로 기업이 인식한 자산의 전부 또는 일부에 대한 통제를 상실하였을 때 제거한다.
부채의 제거	부채는 일반적으로 기업이 인식한 부채의 전부 또는 일부에 대한 현재의무를 더 이상 부담하지 않을 때 제거한다.

Thema 03 자산일반이론

1. 자산의 의의 및 특징

(1) 의 의

자산이란 특정의 기업 또는 경제적 실체가 과거의 거래·사상의 결과로 획득하거나 통제하고 있는 미래의 가능한 경제적 효익이다.

(2) 특 징

① 자산은 과거의 거래나 그 밖의 사건에서 창출된다.
② 미래의 경제적 효익이 유입될 것으로 기대할 수 있다.
③ 일반적으로 물리적 형태를 가지고 있지만 반드시 물리적 실체가 있어야 하는 것은 아니다.
④ 기업이 통제하고 있어야 한다. 자산은 일반적으로 소유권을 가지는 것이 보통이지만 반드시 소유권이 있어야 하는 것은 아니다(예 리스자산).

2. 자산의 분류

(1) 기업회계기준에 의한 분류

유동자산	현금 및 현금성자산 대여금 및 수취채권(매출채권, 미수금 등) 기타금융자산(당기손익 - 공정가치 측정 금융자산) 재고자산 기타자산(선급금 등)
비유동자산	장기대여금 및 장기수취채권 기타 금융자산(기타포괄손익 - 공정가치 측정 금융자산, 상각후원가 측정 금융자산) 투자부동산 유형자산 무형자산 기타비유동자산(보증금, 장기선급금 등)

(2) 일정 화폐액의 표시 유무에 따른 분류

화폐성자산	기간의 경과나 화폐가치의 변동에 관계없이 항상 일정한 화폐액으로 표시되는 자산 - 현금 및 현금성자산, 단기금융상품, 매출채권 및 대손충당금, 당기손익금융자산 및 기타포괄손익금융자산(채권), 선급금(고정계약이 아님), 미수수익 등
비화폐성자산	기간의 경과나 화폐가치의 변동에 따라 자산의 화폐평가액도 변동하는 자산 - 재고자산, 당기손익금융자산 및 기타포괄손익금융자산(주식), 유형자산 및 감가상각누계액, 무형자산, 투자부동산, 선급금(고정계약임) 등

3. 자산의 평가

(1) 자산의 평가

기업이 소유하고 있는 자산에 화폐적 가치를 부여하는 과정으로 회계사상을 화폐액으로 표시하기 위해 계량화하는 절차이다.

구 분	원가법	시가법(공정가치법)	저가법
의 의	취득당시 지출한 화폐액으로 평가하는 방법	현시점의 시장에서 거래되는 가격으로 평가	원가와 시가 중 낮은 금액으로 평가하는 방법
적 용	일반적 자산평가기준	금융자산(FVPL금융자산)	재고자산
특 징	신뢰성	목적적합성	보수주의
장 점	객관적이고 검증가능하며, 미실현이익 계상 배제	자산의 현재가치를 표시하며, 당기수익에 적절한 원가대응	기업의 재무적 구조를 견고히 할 수 있다.
단 점	자산의 현행가치를 표시 못함	시가의 객관적 평가곤란	평가개념에 일관성 결여

(2) 자산의 측정기준

시 점	유입가치	유출가치
과 거	역사적원가	해당사항 없음*
현 재	현행원가	공정가치
미 래	해당사항 없음*	사용가치 및 이행가치

* 과거에 유출된 자산과 미래에 유입될 자산은 현재 기업실체의 자산이 아니므로 측정할 필요가 없다.

⊞ 자산과 부채의 측정기준

구 분		내 용
역사적원가	자 산	과거에 지급한 대가 + 거래원가
	부 채	과거에 수취한 대가 - 거래원가
현행 가치	현행원가 자 산	측정일에 동등한 자산의 원가로서 지급할 대가 + 거래원가
	현행원가 부 채	측정일에 동등한 부채에 대해 수취할 대가 - 거래원가
	공정가치 자 산	측정일에 시장참여자 사이의 정상거래에서 자산을 매도시에 수령할 가격
	공정가치 부 채	측정일에 시장참여자 사이의 정상거래에서 부채를 이전시에 지급할 가격
	사용가치 (이행가치) 자 산	측정일에 자산의 사용과 처분으로 인해 유입될 기대현금흐름의 현재가격
	사용가치 (이행가치) 부 채	측정일에 부채의 이행으로 인해 유출될 기대현금흐름의 현재가치

Thema 04 화폐의 시간가치

1. 일시금(목돈)의 미래가치와 현재가치

(1) 일시금의 미래가치

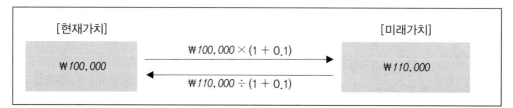

현재의 일시금(PV)을 복리이자율(r)로 계산한 n기간 말의 미래가치(FV) 계산

$$FV_n = PV(1 + r)^n$$

(2) 일시금의 현재가치

미래에 수령하는 n기간 말의 일정금액(FV)을 복리이자율(r)로 계산한 현재가치(PV)

$$PV = \frac{FV_n}{(1 + r)^n}$$

2. 연금의 현재가치

예 10% 이자율, 3년 동안 ₩100,000씩 수령하는 금액의 현재가치 계산

$$(PV) = ₩100,000 \times \left[\frac{1}{(1+0.1)^1} + \frac{1}{(1+0.1)^2} + \frac{1}{(1+0.1)^3} \right] = ₩248,685$$

$$= \frac{₩100,000}{(1+0.1)^1} + \frac{₩100,000}{(1+0.1)^2} + \frac{₩100,000}{(1+0.1)^3} = ₩248,685$$

$$= ₩100,000 \times 2.48685^* = ₩248,685$$

* 3년, 10%의 연금현가계수

현가계수 적용	일시수불금 ⇨ 현가계수
	분할수불금 ⇨ 연금현가계수

3. 현재가치의 회계처리방법

(1) 기 준

구 분	현행 기업회계기준	한국채택국제회계기준
장기채권, 장기채무	현재가치할인차금 사용	
사채 투자자	순액으로 회계처리	선택가능
사채 발행자	사채할인발행차금 사용	

(2) 장기성채권의 평가

① 장기연불조건의 매매거래, 장기금전대차거래 또는 이와 유사한 거래에서 발생된 채권·채무로서 명목상의 가액과 현재가치의 차이가 중요한 경우에는 현재가치로 평가한다.

② 현재가치란 이자 요소가 포함된 미래 가치를 현재 시점의 화폐 가치로 표시한 것이다.

③ 명목가액과 현재가치의 차액은 현재가치할인차금의 과목으로 하여 당해채권·채무의 명목상의 가액에서 차감하는 형식으로 기재하고 유효이자율법을 적용하여 상각 또는 환입한다.

④ 이자율은 유효이자율을 적용한다.

> 실질이자(이자수익 또는 이자비용) = 채권·채무의 기초 장부금액 × 유효이자율
> 표시이자 = 채권·채무의 명목금액 × 표시이자율
> 현재가치할인차금 상각액 = 실질이자 − 표시이자

⑤ 현재가치평가에서 보증금, 이연법인세자산(부채) 및 장기선급금과 장기선수금 등은 제외된다.

[장기성 채권일 경우 회계처리]
채권발생시: (차) 장 기 성 매 출 채 권 ₩1,000   (대) 매   출 ₩850
                                                    현재가치할인차금 ₩150
차금상각시: (차) 현재가치할인차금   ₩30   (대) 이 자 수 익 ₩30

재 무 상 태 표

| 장 기 성 매 출 채 권 ₩1,000 | |
| 현 재 가 치 할 인 차 금 ₩120 ₩880 | |

[장기성 채무일 경우 회계처리]
채무발생시: (차) 매   입 ₩850   (대) 장 기 성 매 입 채 무 ₩1,000
                    현재가치할인차금 ₩150
차금상각시: (차) 이 자 비 용 ₩30   (대) 현재가치할인차금   ₩30

재 무 상 태 표

| | 장 기 성 매 입 채 무 ₩1,000 |
| | 현 재 가 치 할 인 차 금 ₩120 ₩880 |

Thema 05 \ 회계관습

회계관습이란 회계원칙으로 인정할 만큼 타당성을 입증할 수는 없으나 실무상 유용성이나 편의성 때문에 회계환경 또는 상황에 따라 불가피하게 인정되고 있는 회계상의 관습을 말한다.

1. 중요성

중요성이란 회계정보가 정보이용자의 의사결정에 영향을 미치는가의 여부에 따라 판단되는데, 의사결정에 영향을 미치면 중요한 것이다.

양적 중요성	금액, 수량, 비율상의 중요성
질적 중요성	특정사실의 존재여부(부도발생, 소송사건 등)

2. 보수주의

보수주의란 어떤 거래에 대하여 두 개의 측정치가 있을 때 재무적 기초를 견고히 하는 관점에서 이익을 낮게 보고하는 방법을 선택하는 것을 말한다.
보수주의는 기업의 입장에서 볼 때 자산은 가능한 한 적게, 부채는 가능한 한 많게 기록하며, 수익은 가급적이면 적게, 비용은 될 수 있으면 많게 기록하는 입장이다.
보수주의는 적용 초기에 이익을 적게 계상하지만 차기 이후 여러 기간에 걸쳐 반대효과가 나타나게 되어 장기적인 관점에서는 이익총액에 영향을 미치지 않는다.

⊞ 보수주의 적용 예

① 재고자산의 평가 : 공정가액 하락시 저가법
② 재고자산 단가결정방법 : 물가상승시 후입선출법
③ 재고자산 수량결정방법 : 물가상승시 실지재고조사법
④ 감가상각방법 : 초기 가속상각법(정률법, 이중체감법, 연수합계법)
⑤ 자본적 지출보다는 수익적 지출로 처리
⑥ 사채발행차금의 상각

구 분	발행회사	투자회사
할인발행	정 액 법	유효이자율법
할증발행	유효이자율법	정 액 법

⑦ 할부매출 : 회수기준
⑧ 공사수익 : 완성기준

3. 업종별 관행

업종별 관행이란 특정기업이나 산업에서 정상적인 회계원칙으로는 처리할 수 없는 사항에 대해서 특수하게 인정되어야 할 회계실무를 말한다(예 금융·증권·보험업·철도산업·광업 등의 독특한 회계실무 인정).

Thema 06 \ 회계감사

1. 의 의

회계감사란 기업회계기준에서 정하는 모든 재무제표에 대하여 자격을 가진 독립된 제3자가 사전에 설정된 일반적으로 인정된 회계원칙에 따라 적정하게 표시되었는가를 결정할 목적으로 행하여지는 감사를 말한다.

☝ 투자의 적정성, 기업가치를 판단하는 것이 아니다.

2. 감사의견의 종류

구 분			감사의견
기업회계기준	준 수		적정
	위 배	경 미	한정
		중 대	부적정
감사범위 제한, 독립성 결여			의견거절

제3장 금융자산

Thema 01 금융상품

1. 금융상품의 정의

금융상품은 거래당사자 일방에게 금융자산을 발생시키고 동시에 다른 거래상대방에게 금융부채나 지분상품을 발생시키는 모든 계약을 말한다.

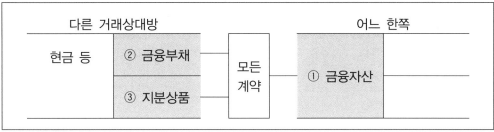

금융자산	① 현금 ② 다른 기업의 지분상품 ③ 다음 중 하나에 해당하는 계약상 권리 　　㉠ 거래상대방에게서 현금 등 금융자산을 수취할 계약상 권리 　　　(매출채권·대여금 및 투자채무상품 등) 　　㉡ 잠재적으로 유리한 조건으로 거래상대방과 금융자산이나 금융부채를 　　　교환하기로 한 계약상 권리 ④ 자기지분상품으로 결제되거나 결제될 수 있는 계약
금융부채	① 다음 중 하나에 해당하는 계약상 의무 　　㉠ 거래상대방에게 현금 등 금융자산을 인도하기로 한 계약상 의무 　　㉡ 잠재적으로 불리한 조건으로 거래상대방과 금융자산이나 금융부채를 　　　교환하기로 한 계약상 의무 ② 자기지분상품으로 결제되거나 결제될 수 있는 계약
지분상품	기업의 자산에서 모든 부채를 차감한 후의 잔여지분을 나타내는 모든 계약을 말하며, 보통주·우선주·콜옵션(call option) 및 풋옵션(put option) 등이 있다.

⊞ **금융항목과 비금융항목**

구 분	자 산	부 채
금융항목	현금, 매출채권, 대여금, 미수금, 미수수익 등	매입채무, 차입금, 미지급금, 미지급비용, 사채 등
비금융항목	재고자산, 유형자산, 투자부동산, 무형자산, 선급금, 선급비용 등	선수금, 선수수익, 미지급법인세, 의제의무(충당부채) 등

⊞ **자기지분상품으로 결제**

수취대가	자기지분상품	분 류
확정금액	확정수량	지분상품
확정금액	미확정수량	채무상품
미확정금액	미확정수량	채무상품
미확정금액	확정수량	채무상품

2. 금융자산

금융자산은 금융자산의 계약상 현금흐름의 특성과 금융자산 관리를 위한 사업모형이라는 두 가지 판단기준에 근거하여 분류한다.

현금흐름	원리금만으로 구성	원금과 원금잔액에 대한 이자지급만으로 구성된 계약상 현금흐름
	원리금 이외로 구성	원리금 지급만으로 구성되지 않은 기타의 현금흐름
사업모형	수취목적	계약상 현금흐름을 수취하기 위해 보유함
	수취와 매도목적	계약상 현금흐름의 수취와 매도를 위해 보유함
	매도목적	매도 등 기타 목적을 위해 보유함

금융자산은 현금 및 현금성자산, 대여금 및 수취채권, 당기손익금융자산, 상각후원가금융자산, 기타포괄손익금융자산으로 분류할 수 있다.

① **상각후원가 측정 금융자산**(financial assets measured at amortized cost)

금융자산을 보유하는 기간 동안 원리금 지급만으로 구성되어 있는 현금흐름이 발생하며, 계약상 현금흐름을 수취하는 것을 목적으로 하는 사업모형 하에서 해당 금융자산을 보유하는 경우에는 상각후원가 측정 금융자산으로 분류한다.

② **기타포괄손익 − 공정가치 측정 금융자산**(fair value through other comprehensive income)

금융자산을 보유하는 기간 동안 원리금 지급만으로 구성되어 있는 현금흐름이 발생하며, 계약상 현금흐름을 수취하면서, 동시에 매도하는 것을 목적으로 하는 사업모형 하에서 해당 금융자산을 보유하는 경우에는 해당 금융자산을 기타포괄손익 − 공정가치 측정 금융자산으로 분류한다.

③ **당기손익 − 공정가치 측정 금융자산**(fair value through profit or loss)

금융자산을 상각후원가로 측정하거나 기타포괄손익 − 공정가치로 측정하는 경우가 아니라면, 당기손익 − 공정가치로 측정하는 금융자산으로 분류한다.

3. 금융부채

① **상각후원가 금융부채**

모든 금융부채는 몇 가지 금융부채를 제외하고는 대부분 후속적으로 상각후원가로 측정한다. 상각후원가로 측정하는 대표적인 금융부채가 사채(bond)이다.

② **당기손익 − 공정가치 측정 금융부채**

단기매매목적으로 취득한 금융부채와 당기손익 − 공정가치 측정 항목으로 선택하여 지정한 금융부채는 후속적으로 공정가치 변동을 당기손익으로 인식한다.

③ **기타 특별한 기준을 적용하는 경우**

금융보증계약, 시장이자율보다 낮은 이자율로 대출하기로 한 약정 등은 상각후원가로 측정하지 않고 별도의 후속 측정 규정을 두고 있다.

Thema 02 \ 현금 및 현금성자산

1. 현금 및 현금성자산

(1) 의 의

자금의 유동성이 가장 높은 현금, 소액현금, 당좌예금, 보통예금, 현금성자산 등을 포함하여 재무상태표에 기입하는 계정이다.

(2) 회계상 현금

통 화	주화, 지폐
통화대용증권	타인(동점)발행수표, 자기앞수표, 가계수표, 여행자수표, 송금수표 우편환증서, 송금환증서, 전신환증서 주식 배당금영수증, 공·사채 만기이자표 만기된 어음, 일람출급어음 국고지급통지서, 대체저금환급증서 등

한편, 다음과 같은 항목은 현금계정에 포함되지 않음에 주의한다.

우표와 수입인지	비용(통신비, 세금과공과), 선급비용 또는 소모품 등으로 처리
선일자수표	수취채권(받을어음 또는 미수금)으로 처리
차용증서(IOU)	수취채권(단기, 장기대여금)으로 처리
당좌차월	단기차입금으로 처리
당좌거래개설 보증금	사용제한된 장기금융상품으로 처리
급여가불증	가지급금 또는 대여금 등으로 처리

2. 은행계정조정표

(1) 의 의

회사측의 당좌예금 잔액과 은행측의 잔액이 일치하지 않을 경우 이를 조정하기 위해 작성하는 표

(2) 불일치의 원인

① 회사나 은행의 입출금 기입이 통지미달 등으로 어느 한 쪽이 미기입된 경우
② 회사나 은행에서의 오기 또는 부정

(3) 작성방법

잘못 기장 하였거나 기장 되지 않은 측에서 조정한다.

(4) 은행계정조정표 조정사항

불일치의 원인	조정		수정분개 여부*
	회사측 잔액	은행측 잔액	
① 은행의 미기입예금		+	×
② 기발행 미지급수표		−	×
③ 은행측 기장오류		±	×
④ 입금통지미달	+		○
⑤ 부도수표 · 부도어음	−		○
⑥ 은행수수료, 이자비용	−		○
⑦ 회사측 기장오류	±		○

* 회계주체는 은행이 아니라 회사이므로 은행계정조정표상의 회사측 잔액에서 조정하는 항목만이 수정 분개 대상이 된다.

3. 현금성자산

현금성자산은 유동성이 매우 높은 단기투자자산(유가증권 및 단기금융상품)으로서 확정된 금액의 현금으로 전환이 용이하고 가치변동의 위험이 중요하지 않은 자산을 말한다. 단기투자자산은 취득일로부터 만기일 또는 상환일이 3개월 이내인 경우에만 현금성자산으로 분류된다.

> ① 취득당시의 만기가 3개월 이내에 도래하는 채권
> ② 취득당시 상환일까지의 기간이 3개월 이내인 상환우선주
> ③ 환매조건부채권(= 환매채, 취득당시 만기가 3개월 이내의 환매조건)
> ④ 취득당시 3개월 이내에 만기가 도래하는 단기예치금(CD, 정기예금, MMF 등)

4. 단기금융상품

기업이 보유하고 있는 현금은 수익을 창출하지 못하는 자산이다. 따라서 기업은 당장 사용하지 않는 현금을 다양한 금융상품에 투자하여 투자수익을 올리려고 하게 된다. 금융상품의 대표적인 예로는 정기예금과 정기적금 등이 있다.

> 양도성예금증서(CD), 금전신탁, 어음관리구좌(CMA), 머니마켓펀드(MMF), 환매채 (환매조건부채권, RP), 기업어음(CP), 표지어음 등

⊡ 예금 및 기타 정형화된 금융상품의 종류와 분류

종 류	만 기	분 류
요구불예금 (보통예금, 당좌예금)	–	현금 및 현금성자산(유동자산)
정기예금 · 정기적금 기타 정형화된 금융상품	취득일로부터 3개월 이내	현금 및 현금성자산(유동자산)
	보고기간 말로부터 12월 이내	단기금융상품(유동자산)
	보고기간 말로부터 12월 초과	장기금융상품(비유동자산)

금융상품 중에는 사용이 제한되어 있는 경우가 있는데, 사용이 제한되어 있는지 여부는 금융자산의 분류와 무관하다. 다만, 사용이 제한되어 있는 금융상품은 어떠한 경우에도 현금성자산으로 분류될 수 없다.

Thema 03 \ 금융자산 − 유가증권

1. 금융자산 중 유가증권

(1) 금융자산

금융자산이란 미래에 현금을 수취할 계약상 권리를 말하며, 금융자산 중 유가증권이란 재산권을 나타내는 증권으로서 보통주나 우선주 등의 지분상품과 국 · 공채나 회사채 등의 채무상품으로 분류되며 물품에 대한 권리를 나타내는 창고증권, 화물상환증 및 선하증권 등은 유가증권에 포함되지 않는다.

(2) 금융자산의 인식

① 인 식

금융자산은 금융상품의 계약당사자가 되는 때에만 재무상태표에 자산으로 인식한다. 한편, 금융자산의 정형화된 매입은 매매일 또는 결제일에 인식한다. 매매일은 자산을 매입하기로 약정한 날을 말하며, 결제일은 자산을 인수하는 날을 말한다.

② 취득원가

금융자산의 취득원가는 최초 인식시점의 공정가치로 측정한다.
공정가치-당기손익 측정 금융자산(FVPL)이 아닌 경우 당해 금융자산의 취득과 직접 관련되는 거래원가는 최초 인식하는 공정가치에 가산하여 측정한다. 따라서 FVPL 금융자산의 취득과 직접 관련된 거래원가는 당기비용으로 처리한다.

금융자산의 취득원가 = 최초 인식시점의 공정가치 + 거래원가*

*FVPL 금융자산인 경우에는 당기비용으로 처리

(3) 금융자산 − 유가증권의 분류

유가증권은 계약상 현금흐름과 사업모형에 따라 다양하게 분류된다.

구 분		분류기준	계정과목
채무 상품		원리금을 지급하고 계약상 현금흐름을 수취목적	상각후원가 측정 금융자산 (AC 금융자산)
		원리금을 지급하고 계약상현금흐름을 수취 및 매도목적	기타포괄손익 − 공정가치 측정 금융자산 (FVOCI 금융자산)
		그 외 경우	당기손익 − 공정가치 측정 금융자산 (FVPL 금융자산)
지분 상품		피투자회사에 유의적 영향력을 행사할 수 있는 경우	관계기업투자
	그 외	원칙	당기손익 − 공정가치 측정 금융자산 (FVPL 금융자산)
		최초 인식시점 단기매매목적이 아닌 경우	기타포괄손익 − 공정가치 측정 금융자산 (FVOCI 금융자산)

(4) 금융자산의 측정

구 분	최초인식		후속측정	
	일반측정	거래원가	평가방법	평가손익
당기손익 공정가치 측정 금융자산	공정가치	당기비용	공정가치법	당기손익
기타포괄손익 공정가치 측정 금융자산	공정가치	공정가치에 가산	공정가치법	기타포괄손익
상각후원가 측정 금융자산	공정가치	공정가치에 가산	상각후원가법	유효이자율법에 의한 이자수익

2. 당기손익 - 공정가치 측정 금융자산

(1) 당기손익 - 공정가치 측정 금융자산의 취득원가의 산정

당기손익 - 공정가치 측정 금융자산은 취득을 위하여 제공한 대가의 시장가격을 취득원가로 한다. 취득과 관련하여 발생하는 거래원가는 당기비용으로 처리한다.

채무상품을 이자지급일 사이에 취득하는 경우 채무상품의 구입가격에는 직전 이자지급일부터 취득일까지의 경과이자가 포함되어 있으므로 동 경과이자를 미수이자의 과목으로 하여 별도로 구분하고 취득원가에서 제외하여야 한다.

> 채무증권의 취득원가 = 채무상품의 구입가격 - 취득일까지의 경과이자

> (차) FVPL 금융자산 $\times\times\times$ (대) 현 금 $\times\times\times$
> 미수이자* $\times\times\times$
> * 직전 이자지급일부터 취득일까지의 경과이자
>
> * 경과이자 = 액면가액 × 액면이자율 × $\dfrac{경과일수}{365일}$

금융자산을 수회에 걸쳐 다른 가격으로 취득한 경우 당해 금융자산의 단위당 취득원가는 개별법, 총평균법, 이동평균법 등 원가흐름의 가정을 사용하여 종목별로 산정하되 동일한 방법을 매기 계속 적용한다.

(2) 보유에 따른 손익

① 배당수익

> [배당선언일]
> (차) 미 수 배 당 금 $\times\times\times$ (대) 배 당 금 수 익 $\times\times\times$
> [배당금 수령일]
> (차) 현 금 $\times\times\times$ (대) 미 수 배 당 금 $\times\times\times$
> [주식배당]
> 회계처리 없음

② 이자수익

> 이자수취시: (차) 현 금 $\times\times\times$ (대) 미 수 이 자* $\times\times\times$
> 이 자 수 익 $\times\times\times$
> * 직전 이자지급일부터 취득일까지의 경과이자

(3) 평가와 처분

① 평 가

당기손익 − 공정가치 측정 금융자산은 공정가치로 평가하고, 공정가치와 장부금액과의 차액은 당기손익 − 공정가치 측정 금융자산평가손익의 과목으로 하여 당기손익으로 처리한다.

당기손익 − 공정가치 측정 금융자산의 장부금액은 당기에 취득한 경우 취득원가를 말하며, 전기이전에 취득한 경우에는 전기말 공정가치를 말한다.

[장부금액 > 공정가치]
 (차) FVPL금융자산평가손실 ××× (대) FVPL금융자산   ×××
[장부금액 < 공정가치]
 (차) FVPL금융자산   ××× (대) FVPL금융자산평가이익 ×××

② 처 분

당기손익 − 공정가치 측정 금융자산을 처분하는 경우 처분금액과 장부금액과의 차액은 금융자산처분손익의 과목으로 하여 당기손익으로 인식한다.

당기손익 − 공정가치 측정 금융자산을 처분하는 경우에 발생하는 처분부대비용은 처분금액에서 차감하여 처분손익에 가감한다.

FVPL금융자산 처분손익 = 처분금액(부대비용 차감후) − 장부금액

[지분상품 처분시]
 (차) 현   금   ××× (대) FVPL금융자산   ×××
               금융자산처분이익 ×××
[채무상품 처분시]
 (차) 현   금   ××× (대) FVPL금융자산   ×××
               이 자 수 익[*]   ×××
               금융자산처분이익 ×××
  [*] 직전 이자지급일부터 처분일까지의 경과이자

3. 기타포괄손익 − 공정가치 측정 금융자산

(1) 의 의

채무상품(사채)의 계약상 현금흐름이 원금과 이자로만 구성되어 있으며, 원리금을 수취하면서 동시에 매도할 목적으로 하는 사업모형 하에서 채무상품을 보유하는 경우에는 기타포괄손익 − 공정가치 측정 금융자산(FVOCI 금융자산)으로 분류한다. 지분상품(주식)의 경우 당기손익 − 공정가치로 측정되는 지분상품에 대한 특정 투자에 대하여는 후속적인 공정가치 변동을 기타포괄손익으로 표시하도록 최초 인식시점에 선택(지정)할 수도 있다. 다만 한번 선택하면 이를 취소할 수 없다.

(2) 최초인식 및 후속측정

① **최초인식**(취득)

최초 인식과 후속측정시 모두 공정가치로 측정하며, 취득과 관련된 거래원가는 최초 인식하는 공정가치에 가산하여 측정한다.

(차) FVOCI 금융자산	×××	(대) 현금	×××

② **후속측정**(평가)

㉠ 채무상품은 유효이자율을 적용하여 상각후원가로 측정하여 이자수익을 먼저 인식한 후, 후속측정일의 상각후원가와 공정가치의 차액을 재측정손익(평가손익)으로 인식한다.

후속측정에 따른 평가손익은 자본(기타포괄손익)으로 인식하고 금융자산을 제거할 때 인식한 기타포괄손익누계액을 재분류조정으로 자본에서 당기손익으로 재분류한다.

㉡ 지분상품은 보고기간 말 공정가치로 평가하고 공정가치 변동액은 자본(기타포괄손익)으로 인식한다. 또한 금융자산을 제거할 때 인식한 기타포괄손익누계액은 기타포괄손익에 영향을 미치지만 당기손익에 영향을 미치지 아니하므로 재분류조정을 하지 않고 이익잉여금으로 대체할 수 있다.

공정가치 상승

(차) FVOCI 금융자산	×××	(대) FVOCI 금융자산평가이익	×××

공정가치 하락

(차) FVOCI 금융자산평가손실	×××	(대) FVOCI 금융자산	×××

*FVOCI 금융자산의 평가이익과 평가손실은 상계처리한다.

(3) 처분(제거)

① 채무상품의 처분

기타포괄손익 - 공정가치 측정 금융자산이 채무상품인 경우 처분 시 장부가액은 처분일의 상각후원가로 측정한 후, 처분일의 상각후원가와 처분금액(처분일의 공정가치)의 차액을 처분손익으로 처리한다. 이 때 자본에 누적된 기타포괄손익누계액은 금융자산을 제거할 때 재분류조정으로 자본에서 당기손익으로 재분류한다.

② 지분상품의 처분

기타포괄손익 - 공정가치 측정 금융자산이 지분상품인 경우 처분 시 장부가액은 처분일의 공정가치로 평가하여 평가손익을 기타포괄손익으로 인식한다.

이후 수취한 대가와 처분일에 재측정된 금융자산의 장부금액의 차이를 당기손익으로 인식한다. 다만 일반적으로 처분일의 공정가치와 처분금액은 일치하므로 처분손익은 발생하지 않는다. 만약 처분시 거래원가가 발생하는 경우 해당 금융자산의 처분으로 수취한 대가에서 차감하여 추가로 당기손익이 발생할 수도 있다. 한편 금융자산의 제거시점에 기인식한 기타포괄손익누계액은 이익잉여금으로 대체할 수 있다.

⊞ FVOCI 금융자산의 처분

구 분	처분손익	재분류조정
채무상품	처분금액 - 장부금액(= 처분일의 상각후원가)	○
지분상품	처분금액 - 장부금액(= 처분일의 공정가치)	×

4. 상각후원가 측정 금융자산

(1) 의 의

채무상품의 현금흐름이 원금과 이자만으로 구성되어 있으며, 원리금을 수취할 목적으로 하는 사업모형 하에서 채무상품을 만기(또는 특정일)까지 보유할 목적으로 취득한 경우에는 상각후원가 측정 금융자산(AC 금융자산)으로 분류한다.

(2) 최초인식 및 후속측정

① 최초인식(취득)

상각후원가 측정 금융자산의 최초인식은 취득시점의 공정가치로 측정하여 인식한다. 취득시점의 공정가치는 시장이자율(유효이자율)로 할인한 미래현금흐름의 현재가치로 결정된다.

한편 취득시 발생하는 거래원가는 최초인식 공정가치에 가산하며, 후속적으로 유효이자율법을 적용하여 금융상품의 존속기간에 걸쳐 당기손익으로 반영한다.

② **후속측정**(평가)

상각후원가 측정 금융자산은 유효이자율법을 적용하여 상각후원가로 측정하여 재무상태표에 보고한다.

상각후원가법에서는 취득원가와 만기액면금액의 차액을 상환기간에 걸쳐 유효이자율법으로 상각하여 취득원가와 이자수익에 가감한다. 상각후원가 측정 금융자산은 공정가치로 평가하지 않으므로 평가손익이 발생하지 않는다.

> 이자수익(유효이자) : 기초장부금액 × 유효이자율
> 차금상각액 : 유효이자 − 액면이자
> 상각후원가 : 기초장부금액 ± 할인 및 할증차금 상각(환입)액

5. 금융자산의 재분류

기업이 금융자산을 관리하는 사업모형을 변경하는 경우에는 영향을 받는 모든 금융자산을 재분류해야 한다. 한편, 현금흐름이 원금과 이자만으로 구성되어 있지 않는 지분상품이나 파생상품은 사업모형을 선택할 수 없으므로 재분류가 불가능하다. 즉, 채무상품의 보유자의 사업모형이 원리금회수, 매도 또는 원리금회수와 매도 어느 곳으로든 변경된다면 채무상품의 재분류일의 공정가치로 측정해야 한다.

금융자산을 재분류하는 경우에는 그 재분류를 재분류일(변경 후 첫 번째 보고기간의 첫 번째 날)부터 전진적으로 적용한다.

채무상품	재분류 가능(사업모형을 변경하는 경우에만 가능)
지분상품 및 파생상품	재분류 불가

⊡ 금융자산의 분류변경

구 분		재분류일의 회계처리
From	To	
상각후원가	당기손익	재분류일 공정가치로 측정후 변동손익은 당기손익 처리 ⇨ 표시이자수익 인식
	기타포괄손익	재분류일 공정가치로 측정후 변동손익은 기타포괄손익 처리 ⇨ 기존 유효이자수익 인식
당기손익	상각후원가	재분류일 공정가치로 측정후 변동손익은 당기손익 처리 ⇨ 새로운 유효이자수익 인식
	기타포괄손익	
기타포괄손익	당기손익	재분류일 공정가치로 측정후 변동손익은 당기손익 처리 ⇨ 표시이자수익 인식
	상각후원가	재분류일 공정가치로 측정후 재분류 전 인식한 기타포괄손익누계액을 재분류일의 금융자산 공정가치에서 조정(= 상각후원가로 환원) ⇨ 기존 유효이자수익 인식

6. 관계기업투자

(1) 관계기업과 공동기업에 대한 투자

① 관계기업과 공동기업

투자자가 피투자자에 대하여 유의적인 영향력을 행사할 수 있는 지분을 소유하여 관계기업이 되거나 공동지배력을 행사할 수 있는 지분을 소유하여 공동기업이 되는 경우, 투자자는 당해 관계기업이나 공동기업의 영업·투자·재무의사결정에 영향을 주게 된다.

이 경우 투자자는 관계기업투자계정에 대하여 지분법을 적용하여 회계처리 하여야 한다.

지분법은 투자자산을 최초에 취득원가로 인식하고, 취득시점 이후 발생한 피투자자의 순자산 변동액 중 투자자의 몫을 해당 투자자산에 가감하여 보고하는 회계처리방법이다.

② 유의적인 영향력이 있는 경우

유의적인 영향력이 있는 경우는 투자자가 피투자기업의 재무정책과 영업정책에 관한 의사결정에 참여할 수 있는 능력이 있는 경우를 말하며 지분율기준과 실질기준으로 판단한다.

지분율 기준	투자자가 직접으로 또는 간접(예 종속기업을 통하여)으로 피투자자에 대한 의결권의 20% 이상을 소유하고 있는 경우
실질기준	투자자가 다음 중 하나 이상에 해당하는 경우 지분율이 20% 미만인 경우에도 일반적으로 유의적인 영향력이 있는 것으로 본다. ㉠ 피투자자의 이사회나 이에 준하는 의사결정기구에 참여 ㉡ 배당이나 다른 분배에 관한 의사결정에 참여하는 것을 포함하여 정책결정과정에 참여 ㉢ 투자자와 피투자자 사이의 중요한 거래 ㉣ 경영진의 상호 교류 ㉤ 필수적 기술정보의 제공

(2) 지분법 회계처리

지분법은 투자자산을 최초에 원가로 인식하고, 취득시점 이후 발생한 피투자자의 순자산 변동액 중 투자자의 지분을 해당 투자자산에 가감하여 보고하는 회계처리방법을 말한다.

취 득 시:	(차) 관계기업투자	×××	(대) 현 금	×××
순이익 보고시:	(차) 관계기업투자	×××	(대) 지분법이익	×××
순손실 보고시:	(차) 지분법손실	×××	(대) 관계기업투자	×××
배당금 결의시:	(차) 미수배당금	×××	(대) 관계기업투자	×××
배당금 지급시:	(차) 현 금	×××	(대) 미수배당금	×××

지분법손익	피투자자의 당기순손익 × 지분율
관계기업투자주식의 장부금액	취득원가 + (피투자자의 당기순손익 − 배당금) × 지분율

Thema 04 \ 수취채권과 지급채무

1. 수취채권과 지급채무

① 외상매출금 계정과 외상매입금 계정

외상매출금	
기초잔액	회 수 액
외상매출액	대손발생
(현금매출액×)	기말잔액

외상매입금	
지 급 액	기초잔액
기말잔액	외상매입액
	(현금매입액×)

② 받을어음 계정과 지급어음 계정

받을어음	
기초잔액	어음채권의 소멸
어음채권의 발생	(회수, 양도, 부도)
	기말잔액

지급어음	
어음채무의 소멸	기초잔액
기말잔액	어음채무의 발생

2. 상품거래 이외의 채권·채무

구 분	차 변	대 변	내 용
채권 및 채무	단 기 대 여 금	단 기 차 입 금	금전의 대여, 차입
	선 급 금	선 수 금	계약금의 지급, 수입
	미 수 금	미 지 급 금	상품 이외의 외상매출대금, 외상매입대금
	선 대 금	−	종업원에게 지급한 일시 대여금(= 가불)
	−	예 수 금	소득세, 보험료 등의 원천징수액
	−	(상품권)선수금	후에 상품을 인도할 조건으로 발행한 상품권
임시 계정	가 지 급 금	−	처리할 과목 또는 금액이 불확실한 금전의 지출
	−	가 수 금	처리할 과목 또는 금액이 불확실한 금전의 수입

3. 어음상의 채권·채무

(1) 어음의 회계처리

구 분		회 계 처 리
약속어음	발 행	(대) 지급어음 ××××
	수 취	(차) 받을어음 ××××
환 어 음	발 행	(대) 외상매출금 ××××
	수 취	(차) 받을어음 ××××
	인 수	(차) 외상매입금 ×××× (대) 지급어음 ××××

(2) 어음의 배서

① 추심위임 배서

소지하고 있는 어음 대금의 추심(회수)을 거래은행에 의뢰하고 배서하는 것을 추심위임 배서라고 한다. 추심위임 배서는 어음상의 채권이 소멸된 것이 아니기 때문에 분개하지 않고 수수료만 분개한다.

소지어음의 추심위임 배서시
　　(차) 수 수 료 비 용 ×××　　(대) 현　　금 ×××
어음대금의 추심 통지를 받으면
　　(차) 당 좌 예 금 ×××　　(대) 받 을 어 음 ×××

② 어음의 배서양도

소지하고 있는 어음을 타인에게 상품대금 등으로 양도하고 어음 뒷면에 기명날인 (배서)하는 것을 말한다. 어음을 배서양도하면 어음채권의 소멸로 받을어음계정 대변에 기입한다.

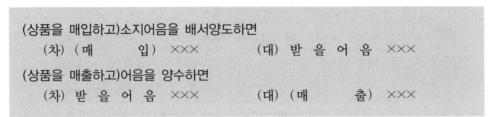

(상품을 매입하고)소지어음을 배서양도하면
    (차) (매　　　입) ×××　　　(대) 받 을 어 음 ×××
(상품을 매출하고)어음을 양수하면
    (차) 받 을 어 음 ×××　　　(대) (매　　　출) ×××

③ 어음의 할인

소지하고 있는 어음을 만기 이전에 현금화하기 위해 거래은행에 배서양도하고 자 금을 융통하는 것을 어음의 할인이라 한다. 할인시에 발생하는 이자를 할인료라 하고 액면에서 할인료를 차감한 잔액을 실수금이라 한다.

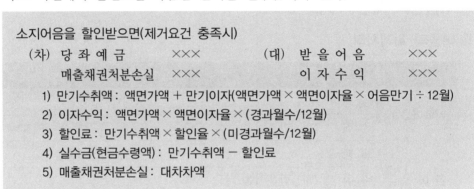

소지어음을 할인받으면(제거요건 충족시)
    (차) 당 좌 예 금　　　×××　　　(대) 받 을 어 음　　　×××
    　　매출채권처분손실　×××　　　　　　이 자 수 익　　　×××
1) 만기수취액 : 액면가액 + 만기이자(액면가액 × 액면이자율 × 어음만기 ÷ 12월)
2) 이자수익 : 액면가액 × 액면이자율 × (경과월수/12월)
3) 할인료 : 만기수취액 × 할인율 × (미경과월수/12월)
4) 실수금(현금수령액) : 만기수취액 − 할인료
5) 매출채권처분손실 : 대차차액

4. 매출채권의 손상(대손)회계

⑴ 손 상

매출채권을 포함한 금융자산은 채무자의 파산, 사망, 기타의 원인으로 회수하지 못할 수 있다. 이러한 금융자산의 손실을 손상 또는 대손이라고 한다.
손상의 회계처리방법은 기대신용손실 추정액을 손실충당금으로 처리하여 당해 매출 채권의 차감계정으로 인식한다.

(2) 기대신용손실

손상차손 인식대상 금융자산에 대해서 기대신용손실을 추정하여 손실충당금(대손충당금)으로 인식해야 하는데, 기대신용손실은 다음과 같이 추정한다.

기대신용손실	신용손실 × 개별 채무불이행 발생위험(발생확률)
신용손실	현금부족액을 최초 유효이자율로 할인한 현재가치
현금부족액	계약에 따라 수취하기로 한 현금흐름과 수취할 것으로 예상되는 현금흐름의 차이

금융자산의 보유자는 매 보고기간 말에 기대신용손실을 추정해야 하는데, 추정을 해야 할 미래의 기간이 길면 길수록 추정이 어렵고 복잡해질 것이다. 이러한 점을 고려하여 기준서에서는 신용위험의 유의적 증가 여부 또는 신용손상 발생 여부에 따라 기대신용손실의 추정기간을 다음과 같이 달리 두고 있다.

구 분	1단계	2단계	3단계
신용위험의 정도	유의적으로 증가하지 않음	유의적으로 증가함 (연체일수 30일 초과)	신용이 손상됨 (연체일수 90일 초과 채무불이행)
추정기간	12개월	전체기간	

금융자산의 신용위험의 유의적 증가 여부 판단기준은 다음과 같다.

① 발행자나 차입자의 유의적인 재무적 어려움
② 채무불이행이나 연체 같은 계약 위반
③ 차입자의 재무적 어려움에 관련된 경제적 또는 계약상 이유로 당초 차입조건의 불가피한 완화
④ 차입자의 파산가능성이 높아지거나 그 밖의 재무구조조정 가능성이 높아짐
⑤ 재무적 어려움으로 해당 금융자산에 대한 활성시장의 소멸
⑥ 이미 발생한 신용손실을 반영하여 크게 할인한 가격으로 금융자산을 매입하거나 창출하는 경우

(3) **손상차손의 추정**(대손의 예상)

기말현재 수취채권잔액의 순실현가치를 표시하기 위해 수취채권잔액에 기대신용손실액을 추정하여 손상차손을 추정하는 방법이다.

> [손상추정시의 회계처리]
> ① 손상추정액 > 충당금 잔액
>
> | (차) 손상차손 | ×××* | (대) 손실충당금 | ××× |
> |---|---|---|---|
> | (대손상각비) | | (대손충당금) | |
>
> ② 손상추정액 < 충당금 잔액
>
> | (차) 손실충당금 | ××× | (대) 손실충당금환입 | ×××* |
> |---|---|---|---|
>
> * 손상추산액(목표충당금)과 장부상 손실충당금 잔액과의 차액이 분개할 금액이며, 이러한 방법을 보충법이라고 한다.

⊡ 재무제표 표시

① **손상차손**(대손상각비)	판매비와 관리비(매출채권 이외의 경우에는 기타비용)
② **손실충당금**(대손충당금)	매출채권의 차감적 평가계정 재무상태표 : 매출채권에서 차감하는 형식으로 표시
③ **손실충당금환입**	판매비와 관리비의 차감항목 (매출채권 이외의 경우에는 기타수익)

재 무 상 태 표

매출채권	₩100,000	
대손충당금	₩2,000	₩98,000

(4) **손상의 발생**

손상이 발생하면 손실충당금과 상계(충당)하고 손실충당금이 부족한 경우에는 그 부족액을 손상차손으로 처리한다.

> | (차) 손실충당금 | ××× | (대) 외상매출금 | ××× |
> |---|---|---|---|
> | 손상차손 | ××× | | |

⑸ 손상회복(상각채권의 추심)

손상으로 처리한 채권의 회수시에는 손상발생 당시의 분개를 정정한다.

(차) 현 금	×××	(대) 손실충당금	×××

손 실 충 당 금

손상발생	×××	기초잔액	×××
손실충당금 환입액	×××	상각채권 회수액	×××
기말잔액(당기말 추산액)	×××	당기추가설정액 (= I/S상 손상차손)	×××
	×××		×××

제4장 \ 재고자산

Thema 01 \ 재고자산 일반

1. 재고자산의 의의

재고자산이란 기업의 정상적인 영업과정에서 판매를 위하여 보유하거나 생산과정에 있는 자산 및 생산 또는 용역제공에 사용될 원재료나 소모품의 형태로 존재하는 자산을 말한다. 용역제공기업의 재고자산에는 관련된 수익이 인식되기 전의 용역원가가 포함된다.

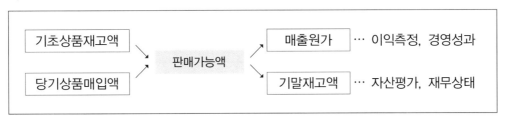

2. 재고자산의 범위

(1) 미착상품

구 분		기말재고자산	매출액
매입자 운송중인 상품	선적지인도조건	포함	–
	도착지인도조건	제외	–
판매자 운송중인 상품	선적지인도조건	제외	포함
	도착지인도조건	포함	제외

(2) 위탁판매상품(= 적송품)

구 분		기말재고자산	매출액
적송품 (판매위탁상품)	수탁자 판매완료	제외	포함
	수탁자 미판매	포함	제외

(3) 할부판매상품

구 분		기말재고자산	매출액
할부판매상품	인도시점 수익인식	제외	포함

(4) 시용판매상품(= 시송품)

구 분		기말재고자산	매출액
시송품	매입 의사표시 유	제외	포함
	매입 의사표시 무	포함	제외

(5) 반품률이 높은 재고자산

구 분		회계처리		재고자산
		판매가	원 가	
반품가능성 예측 가능	판매예상 부분	매출로 인식	매출원가로 인식	제외
	반품예상 부분	환불부채 인식	반환제품회수권 인식	
반품가능성 예측 불가능		환불부채 인식	반환제품회수권 인식	제외

(6) 기 타

구 분	기말재고자산
특별주문상품	제외
타처보관상품	포함
저당상품(담보)	포함

Thema 02 \ 재고자산 취득원가 결정

1. 재고자산의 취득원가

재고자산의 취득원가에 포함될 지출은 상품의 매입원가뿐만 아니라 전환원가 및 재고자산을 현재의 장소에 이르게 하는 데 발생한 기타 원가를 모두 포함한다.

재고자산의 취득원가 = 매입가액 + 전환원가 + 기타원가

(1) 매입원가

외부로부터 구입하는 재고자산(상품, 원재료)의 취득원가는 매입원가로 한다.

매입원가는 매입가격에 수입관세와 각종 제세금, 매입운임, 하역료 그리고 완제품, 원재료 및 용역의 취득과정에 직접 관련된 기타 원가를 가산한 금액이다.

이 경우 매입원가에 매입할인, 리베이트 및 기타 유사한 항목이 있는 경우 동 금액은 매입원가에서 차감하여야 하며, 재고자산을 장기연불조건으로 취득하는 경우에는 현금가격상당액만 매입원가에 포함하고 이자상당액은 기간경과에 따라 이자비용으로 인식한다.

(2) 전환원가

자가제조하는 재고자산(제품, 반제품, 재공품)의 취득원가는 원재료의 매입원가와 전환원가의 합계로 한다. 전환원가는 직접노무원가 등 생산량과 직접 관련된 원가와 원재료를 완제품으로 전환하는데 발생하는 고정제조간접원가 및 변동제조간접원가의 체계적인 배부액을 포함한다.

(3) 기타원가

기타원가에는 재고자산을 현재의 장소에 현재의 상태로 이르게 하는 데 발생한 범위 내에서만 취득원가에 포함된다.

다음의 원가는 재고자산의 취득원가에 포함할 수 없다.

① 재료원가, 노무원가 및 기타 제조원가 중 비정상적으로 낭비된 부분

② 후속 생산단계에 투입하기 전에 보관이 필요한 경우 이외의 보관원가

③ 재고자산을 현재의 장소에 현재의 상태로 이르게 하는데 기여하지 않은 관리간접원가

④ 판매원가

2. 재고자산 관련공식 및 T계정 구조

(1) 재고자산 관련 공식

순매입액	총매입액 − 환출 및 매입에누리와 매입할인
순매출액	총매출액 − 환입 및 매출에누리와 매출할인
매출원가	기초재고액 + 순매입액 − 기말재고액
매출총이익	순매출액 − 매출원가

(2) 재고자산 T계정 구조

① 매출원가 계산구조

상 품

기초재고액(전기이월)	매출원가
당기매입액	기말재고액(차기이월)

② 매출총이익 계산구조

상 품

기초재고액(전기이월)	당기매출액
당기매입액 매입제비용(운임)	매입환출 및 매입에누리, 매입할인
매출환입 및 매출에누리, 매출할인	기말재고액(차기이월)
매출총이익	

Thema 03 재고자산의 원가배분

1. 수량결정방법

(1) **계속기록법**(장부재고조사법)

> 전기 이월수량 + 당기 매입수량 − 당기 매출수량 = 기말 재고수량

장 점	출고 및 재고 수량을 항상 장부에 의하여 파악할 수 있다.
단 점	다종·다량의 상품을 취급하는 경우 기장이 번잡하여 실무상 불편하며, 실지 재고조사를 병행하지 않는 경우 도난·파손 등으로 없어진 상품이 기말재고 액에 포함된다.

(2) **실지재고조사법**(실사법)

> 전기 이월수량 + 당기 매입수량 − 당기말 실사량 = 당기 매출수량

장 점	출고 내용을 장부에 기록하지 않아도 되므로 실무상 간편하다.
단 점	도난·파손·변질 등으로 없어진 상품을 알 수 없을 뿐만 아니라, 이러한 것 들이 매출된 것으로 간주되어 매출원가에 포함된다.

구 분	계속기록법		실지재고조사법	
	차 변	대 변	차 변	대 변
매입시	상 품 ××	현 금 ××	매 입 ××	현 금 ××
매출시	현 금 ×× 매 출 원 가 ××	매 출 ×× 상 품 ××	현 금 ××	매 출 ××
결산시 수정분개	분개없음		매 출 원 가 ×× 매 출 원 가 ×× 상품(기말) ××	상품(기초) ×× 매 입 ×× 매 출 원 가 ××

(3) **병행법**(혼합법)

병행법이란 기중에는 계속기록법을 적용하다가 기말에 실지재고조사를 통하여 감모 수량과 기말재고수량을 결정짓고 나머지 수량을 판매된 수량으로 간주하는 방법이다.

2. 원가 기준에 의한 가격 결정 방법

기업회계기준에 의하면 통상적으로 상호 교환될 수 없는 재고자산항목의 원가와 특정 프로젝트별로 생산되고 분리되는 재화 또는 용역의 원가는 개별법을 사용하여 결정하며, 개별법을 적용할 수 없는 재고자산의 단위원가는 선입선출법이나 가중평균법을 사용하여 결정한다.

한편, 성격과 용도 면에서 유사한 재고자산에는 동일한 단위원가 결정방법을 적용하여야 하며, 성격이나 용도 면에서 차이가 있는 재고자산에는 서로 다른 단위원가 결정방법을 적용할 수 있다.

(1) 개별법(specific identification method)

개별법은 각 재고자산별로 취득단가를 결정하는 방법이다.

통상적으로 상호 교환될 수 없는 제품이나 특정 프로젝트별로 생산되는 제품 또는 서비스의 원가는 개별법을 사용하여 결정한다.

예를 들어 특수기계를 주문 생산하는 경우, 귀금속이나 부동산 등과 같이 제품별로 원가를 식별할 수 있는 때는 개별법을 사용하여 원가를 결정한다.

장 점	① 원가흐름이 추정이 아닌 실제물량흐름이므로 가장 정확한 재고자산평가 방법이다. ② 수익과 비용의 대응원칙에 가장 이상적인 방법이다.
단 점	① 재고자산의 종류와 수량이 많고 단가가 상대적으로 적을 때는 비효율적이다. ② 경영자가 임의적으로 특정재고를 판매된 것으로 간주하여 매출원가와 기말재고액을 조작할 가능성이 있다.

(2) 선입선출법(first-in first-out method : FIFO)

매입순법이라고도 하며 먼저 매입된 상품이 먼저 매출되는 것으로 가정하여 출고 및 재고 단가를 결정하는 방법이다. 기업은 일반적으로 먼저 구입한 재고자산을 먼저 처분하려는 경향이 있으므로 선입선출가정은 실제물량 흐름과 가장 유사하다.

장 점	① 재고자산의 실제흐름과 대체적으로 일치한다. ② 기말재고액이 가장 최근의 시가로 표시된다.
단 점	① 물가상승(인플레이션, 화폐가치 하락) 시 이익이 과대표시 된다. ② 수익과 비용의 대응원칙에 적합하지 않다. 즉, 현재의 매출액(수익)에 과거의 매출원가(비용)가 대응되기 때문이다.

(3) **후입선출법**(last-in first-out method : LIFO)

매입역법이라고도 하고 나중에 매입된 상품이 먼저 매출되는 것으로 가정하여 출고
및 재고 단가를 결정하는 방법이다.

장 점	① 재고자산 매출시 최근의 시가(= 현행원가)로 매출원가가 계상되어 수익·비용의 대응원칙에 부합하다. ② 물가상승(인플레이션) 시에 이익이 적게 표시하여 법인세의 이연효과가 있다.
단 점	① 재고자산의 일반적인 실제 흐름과 반대이다. ② 기말재고액이 최근의 시가가 아니고 과거의 매입원가로 표시되어 비현실적이다. ③ 판매량이 급증하여 기초재고가 판매된 경우, 과거의 원가로 계상되어 있는 재고자산층이 일부 청산되어 매출원가가 감소하고 순이익이 증가하는 후입선출청산현상이 발생하며, 후입선출청산현상을 이용한 경영자의 손익조작 가능성이 존재한다. 또한 일반적인 실물흐름과도 일치하지 않기 때문에 표현의 충실성이 저하된다. 따라서 한국채택국제회계기준에서도 이를 금지하고 있다.

(4) **이동평균법**(moving average method)

상품의 매입 단가가 다를 때마다 즉, 매입할 때마다 가중 평균 단가를 계산하여 출고
및 재고단가를 결정하는 방법이다.

$$이동평균단가 = \frac{매입직전의\ 재고잔액 + 매입금액}{매입직전의\ 재고수량 + 매입수량}$$

장 점	① 상품재고장의 작성이 쉽고 객관적이다. ② 상품의 물량흐름이 현실적으로 불가능한 경우 평균단가에 의한 것이 합리적이다. ③ 매출상품과 재고상품의 평균화가 이루어져 합리적이다.
단 점	단가가 서로 다른 상품매입 거래가 빈번한 경우 평균단가를 계속적으로 조정해야 하고 단수를 계속 조정하기 때문에 복잡하다.

(5) **총평균법**(weighted average method)

월말 또는 기말에 일정 기간 전체를 대상으로 상품의 평균 단가를 계산하여 출고 및 재고 단가를 결정하는 방법이다.

$$총평균단가 = \frac{기초\ 재고금액 + 일정기간\ 매입금액}{기초\ 재고수량 + 일정기간\ 매입수량}$$

장 점	① 상품재고장의 작성이 쉽고 객관적이다. ② 상품 출고단가가 일정기간 변하지 않아 계산이 쉽다.
단 점	일정기간 후에 즉, 기말이 되어야만 총평균단가가 계산되므로 상품출고 시마다 출고단가(매출원가)와 재고액을 파악할 수 없다.

⊞ **수량과 단가결정방법의 관계**

구 분	계속기록법	실지재고조사법	비 고
개별법	○	○	결과 동일
선입선출법	○	○	
후입선출법	○	○	—
이동평균법	○	×	—
총평균법	×	○	—

🔊 **알아두기**

▶ **물가상승**(인플레이션)**시의 기말재고액 크기**

　　선입선출법　≥　이동평균법　≥　총평균법　≥　후입선출법
　(계속기록법 = 실사법)　　　　　　　　　　(계속기록법 ≥ 실사법)
　※ 기말재고액 증가 ➪ 매출원가 감소 ➪ 매출총이익(당기순이익) 증가 ➪ 법인세 증가

(6) **원가흐름의 가정과 당기순이익 및 현금흐름의 크기 비교**

물가가 지속적으로 상승하고, 재고청산이 없는 경우 원가흐름의 가정

기말재고자산		선입선출법 > 이동평균법 > 총평균법 > 후입선출법
매출원가		선입선출법 < 이동평균법 < 총평균법 < 후입선출법
당기순이익		선입선출법 > 이동평균법 > 총평균법 > 후입선출법
법인세비용		선입선출법 > 이동평균법 > 총평균법 > 후입선출법
현금흐름	법인세 無	선입선출법 = 이동평균법 = 총평균법 = 후입선출법
	법인세 有	선입선출법 < 이동평균법 < 총평균법 < 후입선출법

원가흐름의 가정과 현금흐름은 무관하다. 그러나 법인세가 있는 경우에는 당기순이익이 크면 법인세부담액이 증가하므로 현금흐름은 감소하게 된다.

※ 기말재고액 = 이익 = 법인세 ⇔ 매출원가 = 현금흐름

Thema 04 추정에 의한 재고자산 평가

1. 매출가격환원법(소매재고조사법)

(1) 의 의

상품의 종류와 수량이 많은 경우에 이용하는 재고자산 평가방법으로서, 기말재고액을 매출가격기준으로 산출하고 여기에 원가율을 곱하여 기말재고액의 원가를 계산하는 방법이다.

매가환원법은 재고조사가 불가능하거나 비경제적일 경우에 사용할 수 있고, 다품종의 상품을 취급하는 백화점, 할인점 등의 유통업에서만 적용가능하다.

① 매가 기준의 기말재고액 산출	기초재고액(매가) + 당기매입액(매가) + 순인상액 − 순인하액 − 매출액
② 원가율의 산출	원가: 기초재고 + 당기매입 ——————————————— 매가: 기초재고 + 당기매입
③ 기말재고액의 원가 산출	기말재고액(매가) × 원가율 = 기말재고액(원가)

(2) 매가환원법 적용시 고려해야 할 특수항목

재 고 자 산

과 목	원 가	매 가	과 목	원 가	매 가
기초재고	×××	×××	매출액		×××
당기매입	×××	×××	매출환입		(×××)
매입운임	×××		매출에누리		(×××)
매입환출	(×××)	(×××)	매출할인	×××	(×××)
매입에누리	(×××)		종업원할인		×××
매입할인	(×××)		정상파손		×××
순인상액		×××		⇧	
순인하액		(×××)	기말재고	××× ⇐	×××
비정상파손	(×××)	(×××)			
계	×××	×××	계	×××	×××

(3) 원가율의 산정방법

① 평균원가소매재고법

$$원가율 = \frac{원가 : 기초재고 + 당기매입}{매가 : 기초재고 + 당기매입 + 순인상액 - 순인하액}$$

② 선입선출소매재고법

선입선출소매재고법은 먼저 구입한 자산이 먼저 판매된다고 보아 기말재고자산이 전부 당기매입분으로만 구성되어 있다고 가정한다. 따라서 원가율 산정시 기초재고자산은 고려하지 않는다.

$$원가율 = \frac{원가 : 당기매입}{매가 : 당기매입 + 순인상액 - 순인하액}$$

③ 후입선출소매재고법

후입선출소매재고법은 나중에 구입한 자산이 먼저 판매된다고 가정하므로 기말재고자산은 기초재고자산으로만 구성될 수도 있고, 기초재고분과 당기매입분으로 구성될 수도 있다.

※ 기초재고(매가) > 기말재고(매가)

$$기말재고(원가) = 기말재고(매가) \times \frac{원가 : 기초재고(원가)}{매가 : 기초재고(매가)}$$

※ 기초재고(매가) < 기말재고(매가)

기말재고(원가) = 기초재고(원가) + 당기증가분×원가율(FIFO)*

* 당기매입분에 대한 원가율로서 선입선출소매재고법에 의한 원가율과 동일하다.

④ 저가기준소매재고법

저가기준소매재고법은 전통적소매재고조사법이라고도 불리는 방법으로서 원가율산정시 순인하액을 제외시켜 원가율을 낮게 계상함으로써 기말재고(원가)가 낮게 평가되도록 하는 방법이다.

$$원가율 = \frac{원가 : 기초재고 + 당기매입}{매가 : 기초재고 + 당기매입 + 순인상액}$$

2. 매출총이익률법

매출총이익률법이란 매출총이익률을 이용하여 재고자산의 가액을 추정하는 방법이다. 매출총이익률법은 화재나 도난 등으로 인하여 기말재고에 대한 적절한 자료를 이용할 수 없는 경우나, 재고 실사를 하지 않고 내부관리 목적으로 결산을 실시하는 경우에 이용가능한 방법이다.

$$매출총이익률 = \frac{매출총이익}{순매출액} \times 100$$

Thema 05 \ 재고자산의 평가

1. 재고자산 감모손실(수량부족)

(1) 수량부족

기말 재고수량은 실사법과 계속기록법에 의해서 결정되는데 이 중 계속기록법의 경우 결정된 수량은 장부상 수량이므로 실제 창고에 보관되어 있는 재고수량과 다를 수 있다. 수량부족의 원인에는 자연감모나 파손, 도난, 훼손 등이 있다.

재고자산감모손실 = (장부상 수량 − 실제 수량) × 장부상 단가
= 장부상 수량에 대한 취득원가 − 실제수량에 대한 취득원가

(2) 회계처리

재고자산감모손실 중 정상적으로 발생한 감모손실은 재고자산 수량부족이 사전에 예측된 것이므로 매출원가로 처리하여야 한다. 한편, 사전에 예측하지 못한 비정상적인 감모손실은 회사가 매출가격에 반영시킬 수 없었을 것이다. 따라서 비정상적인 감모손실은 기타비용으로 처리하여야 한다.

정상적 감모손실	(차) 매 입(매출원가) ××× (대) 이월상품(재고자산) ×××
비정상적 감모손실	(차) 재고자산감모손실 ××× (대) 이월상품(재고자산) ×××

🗐 한국채택국제회계기준에서는 발생한 기간의 비용으로 처리하도록 규정되어 있다.

2. 재고자산평가손실(시가하락)

재고자산의 시가가 원가보다 하락한 경우에는 저가법을 사용하여 재고자산의 재무상태표가액을 결정한다. 재고자산의 시가가 원가보다 하락한 경우의 예는 다음과 같다.

① 손상을 입은 경우
② 보고기간 말(재무상태표일)로부터 1년 또는 정상영업주기 내에 판매되지 않았거나 생산에 투입할 수 없어 장기체화된 경우
③ 완전히 또는 부분적으로 진부화 된 경우
④ 판매가격이 하락한 경우 또는 완성하거나 또는 판매하는 데 필요한 원가가 상승하는 경우

(1) 저가법 적용시 적용되는 공정가치(시가)

상품, 제품	순실현가능가치(= 판매가격 − 판매비용)
재공품	순실현가능가치(= 판매가격 − 판매비용 − 추가완성원가)
원재료	현행대체원가(= 현재시점에서 매입할 경우 소요예상 비용) 단, 원재료를 투입하여 완성할 제품의 시가가 원가보다 높을 경우에는 원재료에 대하여 저가법을 적용하지 않는다. 그러나 원재료 가격이 하락하여 제품의 원가가 순실현가능가치를 초과할 것으로 예상된다면 해당 원재료를 순실현가능가치로 감액한다.
확정판매계약	1. 확정판매계약의 이행을 위해 보유하는 재고자산 ⇨ 계약가격에 기초하여 추정 2. 확정판매계약의 이행에 필요한 수량을 초과하는 재고자산 ⇨ 일반판매가격에 기초하여 추정

(2) 저가법 적용방법

원 칙	종목별 기준(가장 보수적인 방법)
예 외	서로 유사하거나 관련된 경우에는 조별 기준을 적용하며 총계기준은 인정하지 않는다.

(3) 회계처리

재고자산의 시가가 원가 이하로 하락하여 발생한 평가손실은 재고자산의 차감계정으로 표시하고 매출원가에 가산하며, 시가는 매 회계기간 말에 새로 추정한다.

저가법의 적용에 따라 평가손실을 초래했던 상황이 해소되어 새로운 시가가 장부가액보다 상승한 경우에는 최초의 장부가액을 초과하지 않는 범위 내에서 평가손실을 환입한다.

> 재고자산평가손실 = 실제수량 × (장부상 단가 − 단위당 시가)
> = 실제수량에 대한 취득원가 − 실제수량에 대한 시가

시가 하락시	(차) 매　　　입(매출원가)　×××　(대) 재고자산평가충당금[**]　××× 　　　(재고자산평가손실[*])
시가 회복시	(차) 재고자산평가충당금　×××　(대) 매　　　입(매출원가)　××× 　　　　　　　　　　　　　　　(재고자산평가충당금환입[***])

[*] 재고자산평가손실 : 매출원가에 가산
[**] 재고자산평가충당금 : 재고자산의 차감적 평가계정
　　(F/P : 재고자산에서 차감형식으로 기재)
[***] 재고자산평가충당금환입 : 매출원가에서 차감

제5장 \ 유형자산과 투자부동산

Thema 01 \ 유형자산의 개념

1. 유형자산의 의의

유형자산이란 재화의 생산, 용역의 제공, 타인에 대한 임대 또는 관리활동에 사용할 목적으로 보유하는 물리적 형체가 있는 자산으로서 한 회계기간을 초과하여 사용할 것이 예상되는 자산을 말한다.

2. 유형자산의 종류

(1) 상각여부에 따라

상각성 자산	대부분의 유형자산
비상각성 자산	토지, 건설 중인 자산

(2) 기업회계기준상 유형자산의 과목

유형자산은 유사한 성격과 용도로 분류한다. 유형자산 분류의 예는 다음과 같으며, 업종의 특성 등을 반영하여 과목을 신설하거나 통합할 수 있다.

토 지	
건 물	건물, 냉난방, 전기, 통신 및 기타의 건물부속설비 등
구축물	토지에 부착하여 설치되는 건물 이외의 구조물, 토목설비 또는 공작물을 말한다(도로, 철도, 교량, 담장, 굴뚝, 수조탱크, 송유관, 조선대, 궤도, 부교, 저수지, 갱도, 상하수도설비, 주차장, 정원설비 등).
기계장치	기계장치 · 운송설비(콘베어, 호이스트, 기중기 등)와 기타의 부속설비 등
선박이나 항공기	
차량운반구	
비 품	집기나 사무용비품
건설 중인 자산	유형자산의 건설을 위한 재료비, 노무비 및 경비로 하되, 건설을 위하여 지출한 도급금액 등을 포함한다.

Thema 02 \ 유형자산의 인식과 측정

1. 유형자산의 인식

유형자산으로 인식하기 위해서는 다음의 인식조건을 모두 충족하여야 한다.

> ① 자산으로부터 발생하는 미래 경제적 효익이 기업에 유입될 가능성이 높다.
> ② 자산의 취득원가를 신뢰성 있게 측정할 수 있다.

2. 최초원가(취득원가)

인식하는 유형자산은 원가로 측정하는 것을 원칙으로 한다.

원가는 자산을 취득하기 위하여 자산의 취득시점이나 건설시점에서 지급한 현금 또는 현금성자산이나 제공한 기타 대가의 공정가치를 말한다.

> 최초원가 = 구입가격 + 직접관련원가 + 차입원가 + 복구원가

> [일반적인 유형자산의 취득원가]
> (차) 유형자산　　　×××　　(대) 제공하는 현　　금　×××(공정가치)
> 　　　　　　　　　　　　　　　　제공하는 기타자산　×××(공정가치)
> 　　　　　　　　　　　　　　　　부담하는 부　　채　×××(공정가치)

(1) 구입가격

구입가격은 관세 및 환급불가능한 취득 관련 세금을 가산하고 매입할인과 리베이트 등을 차감한 순구입가격을 말한다.

(2) 직접관련원가

직접관련원가는 경영진이 의도하는 방식으로 자산을 가동하는 데 필요한 장소와 상태에 이르게 하는 데 직접 관련되는 원가를 말하며 취득부대비용이라고도 한다.

원가 포함	① 유형자산의 매입 또는 건설과 직접적으로 관련되어 발생한 종업원급여 ② 설치장소 준비원가 ③ 최초의 운송 및 취급관련원가 ④ 설치원가 및 조립원가 ⑤ 유형자산이 정상적으로 작동되는지 여부를 시험하는 과정에서 발생하는 시험원가. 단, 시험과정에서 생산된 재화(예 장비의 시험과정에서 생산된 시제품)의 순매각금액과 당해 원가는 각각 당기손익으로 인식 ⑥ 유형자산의 취득과 관련하여 전문가에게 지급하는 수수료

원가
불포함
	① 새로운 시설을 개선하는 데 소요되는 원가
	② 새로운 상품과 서비스를 소개하는 데 소요되는 원가(예 광고 및 판촉활동과 관련된 원가)
	③ 새로운 지역에서 또는 새로운 고객층을 대상으로 영업을 하는 데 소요되는 원가(예 직원 교육훈련비)
	④ 관리 및 기타 일반간접원가
	⑤ 유형자산을 사용하거나 이전하는 과정에서 발생하는 원가
	    ⊙ 유형자산이 경영진이 의도하는 방식으로 가동될 수 있으나 아직 실제로 사용되지 않고 있는 경우 또는 가동수준이 완전조업도 수준에 미치지 못하는 경우에 발생하는 원가
	    © 유형자산과 관련된 산출물에 대한 수요가 형성되는 과정에서 발생하는 가동손실과 같은 초기 가동손실
	    © 기업의 영업 전부 또는 일부를 재배치하거나 재편성하는 과정에서 발생하는 원가

(3) 차입원가

의도한 용도로 사용가능한 상태에 이르게 하는 데 상당한 기간을 필요로 하는 유형자산의 취득, 건설, 생산과 직접 관련된 차입원가는 취득원가에 포함한다.

(4) 복구원가

복구원가란 자산을 해체, 제거하거나 부지를 복구하는 데 소요될 것으로 최초에 추정되는 원가를 말한다. 부채의 인식조건을 충족한 경우에 복구원가의 현재가치를 유형자산의 원가에 포함하고 충당부채로 인식한다.

3. 상황별 유형자산의 취득

(1) 유형자산의 자가건설

자가건설자산 취득원가
     : 직접재료원가 + 직접노무원가 + 제조간접원가 + 자본화한 차입원가

원가발생시점: (차) 건설 중인 자산	×××	(대) 현금 등	×××
제작완료시점: (차) 건물 등	×××	(대) 건설 중인 자산	×××

적격자산의 취득, 건설 또는 제조와 직접 관련되는 이자(차입원가)는 당해 자산의 취득원가에 포함한다.

(2) 토지의 외부구입

토지의 취득원가는 구입가격에 취득부대비용을 가산하여 결정한다.

취득부대비용에는 취득세, 등록세 등 취득과 직접 관련된 제세공과금과 중개수수료 및 법률비용이 포함된다. 그리고 토지를 사용가능한 상태에 이르게 하기 위하여 발생하는 구획정리비용과 개발부담금, 하수종말처리장 분담금 등의 직접관련원가도 취득원가에 포함한다.

한편, 토지를 취득한 이후에 이루어지는 진입도로개설, 도로포장, 조경공사 등으로 인한 비용은 내용연수와 유지ㆍ보수책임의 부담에 따라 판단한다.

구 분		회계처리
내용연수	유지ㆍ보수책임	
비한정	정부(국가, 지자체)	토지 취득원가에 포함
한 정	회 사	구축물로 계상하고 감가상각

(3) 건물의 외부구입

취득원가 = 구입가격 + 제세공과금 등의 취득부대비용

(4) 일괄구입

일괄구입가격은 각 자산의 상대적 공정가치에 의하여 개별자산에 배분하여 결정한다. 토지와 건물을 일괄구입하는 경우 건물을 사용할 목적이면 이들은 분리가능한 자산이므로 각 자산의 공정가치를 기준으로 취득원가에 안분계산하고, 건물을 사용할 목적이 아니라서 철거하면 일괄구입가격은 전액 토지에 배분하고 건물의 철거비용도 토지원가에 가감한다. 다만, 철거과정에서 수거된 철근 등을 처분하여 잡수익이 발생하는 경우에는 이를 토지원가에서 차감한다.

구 분		회계처리
건물 + 토지 일괄취득	기존 건물을 계속 사용	공정가치로 안분
	기존 건물을 철거	전액(구입가격 + 순철거비용*) 토지의 취득원가에 포함
사용 중인 건물 철거		기존 건물의 장부가액을 제거, 순철거비용은 당기 비용 처리

*순철거비용 = 철거비용 − 잔존물 처분가치

(5) 장기연불구입

유형자산을 장기연불조건으로 구입하거나, 대금지급기간이 일반적인 신용기간보다 긴 경우 원가는 인식시점의 현금가격상당액으로 한다. 대금지급이 일반적인 신용기간을 초과하여 이연되는 경우, 현금가격상당액과 실제 총지급액과의 차액은 '차입원가의 자본화' 규정에 따라 자본화하지 않는 한 신용기간에 걸쳐 이자비용으로 인식한다.

(6) 국·공채 등의 의무매입

유형자산 등의 취득과 관련하여 기업은 국·공채 등을 공정가치보다 높은 가격으로 불가피하게 매입하는 경우가 있다. 이 경우 국·공채의 매입가액과 당해 국·공채의 공정가치의 차액은 환급불가능한 취득 관련 세금으로 보아 유형자산의 원가에 가산하여야 한다.

(7) 저가구입, 고가구입 및 무상취득

상대방과 특수관계가 있거나 법률상의 특권 등으로 인하여 공정가치보다 현저하게 낮은 가격이나 높은 가격 또는 무상으로 자산을 취득하는 경우가 있다. 이 경우 유형자산은 공정가치로 측정하고 지급액과의 차액은 기부금 또는 자산수증이익으로 처리하는 것이 타당할 것이다.

```
저가구입: (차) 유형자산(공정가치)  ×××   (대) 현금           ×××
                                        자산수증이익      ×××
고가구입: (차) 유형자산(공정가치)  ×××   (대) 현금           ×××
              기부금           ×××
무상취득: (차) 유형자산(공정가치)  ×××   (대) 자산수증이익    ×××
```

(8) 현물출자에 의한 취득

기업이 자산을 취득하고 그 대가로 주식을 발행하여 교부하는 경우를 현물출자라 한다. 현물출자로 취득한 유형자산은 증여나 무상으로 취득한 유형자산과 마찬가지로 취득하는 자산의 공정가치를 원가로 측정하면 된다. 그러나 취득하는 자산의 공정가치가 명확하지 않은 경우에는 예외적으로 발행하는 주식의 공정가치를 주식의 발행가액으로 한다.

```
현물출자: (차) 유형자산(공정가치)  ×××   (대) 자본금         ×××
                                        주식발행초과금    ×××
```

4. 교환에 의한 취득

기업회계기준은 교환거래로 자산을 취득하는 경우 당해 유형자산의 원가는 공정가치로 측정하는 것을 원칙으로 한다. 다만 다음 중 하나에 해당하는 경우에는 취득한 자산을 공정가치로 측정하지 않고 제공한 자산의 장부금액으로 원가를 측정한다.

① 교환거래에 상업적 실질(commercial substance)이 결여된 경우
② 취득한 자산과 제공한 자산 모두의 공정가치를 신뢰성 있게 측정할 수 없는 경우

(1) 상업적 실질이 있는 경우

당해 교환거래가 상업적 실질이 존재하는 경우에는 공정가치법으로 취득원가를 측정하고, 기존 자산의 수익창출활동이 종료되었기 때문에 처분손익을 인식한다.

① **원칙**: 제공한 자산의 공정가치를 측정할 수 있는 경우

> 취득자산의 원가: 제공한 자산의 공정가치 + 현금지급액 − 현금수수액

② **예외**: 취득한 자산의 공정가치가 더 명확한 경우

> 취득자산의 원가: 취득한 자산의 공정가치(현금수수액 고려 ×)

자산의 교환에 현금수수액이 있는 경우에는 현금수수액을 반영하여 취득하는 자산의 원가를 결정하여야 한다. 여기서 주의할 점은 취득한 자산의 공정가치가 더 명확한 경우에는 취득원가를 공정가치로 인식하므로, 현금수수액은 제공한 자산의 처분손익에서 가감해야 한다는 것이다.

(2) 상업적 실질이 결여된 경우

당해 교환거래에 상업적실질이 결여된 경우나 취득한 자산과 제공한 자산 모두의 공정가치를 신뢰성있게 측정할 수 없는 경우에는 제공한 자산의 장부금액을 취득한 자산의 취득원가로 인식한다.

> 취득자산의 원가: 제공한 자산의 장부금액 + 현금지급액 − 현금수수액

🔲 교환으로 취득한 자산의 원가

구 분		취득한 자산의 원가	교환손익
원 칙	제공한 자산의 공정가치가 명확한 경우	제공한 자산의 공정가치 ± 현금	인식(○)
	취득한 자산의 공정가치가 명확한 경우	취득한 자산의 공정가치	
교환거래에 상업적실질이 결여된 경우		제공한 자산의 장부금액 ± 현금	인식(×)
자산의 공정가치를 모두 측정할 수 없는 경우			

5. 정부보조금을 이용한 유형자산 취득

(1) 정부보조금의 인식

정부보조금은 정부보조금에 부수되는 조건의 준수와 보조금 수취에 대한 합리적인 확신이 있을 경우에만 인식한다.

(2) 정부보조금의 회계처리

① 자산관련보조금

이연수익법	이연수익(부채)을 자산의 내용연수에 걸쳐 체계적이고 합리적인 기준으로 수익을 인식 ⇨ 보조금 관련 수익을 별도로 인식하는 방법
자산차감법	감가상각자산의 내용연수에 걸쳐 감가상각비를 감소시키는 방식으로 보조금을 수익으로 인식 ⇨ 비용을 차감하면서 수익을 인식하는 방법

② 수익관련 보조금

수익관련보조금의 경우에도 자산관련보조금과 동일하게 포괄손익계산서에 별도로 수익으로 인식하는 방법과 관련비용을 직접 차감하여 인식하는 방법이 모두 인정된다.

⊞ **정부보조금의 표시와 수익인식방법**

구 분		수익인식 시기
자산관련 보조금	이연수익법	관련자산의 내용연수에 걸쳐 수익으로 인식
	자산차감법	관련자산의 감가상각비와 상계하면서 수익으로 인식
수익관련 보조금	수익인식법	포괄손익계산서에 별도로 수익으로 인식
	비용차감법	관련비용을 직접 상계하면서 수익으로 인식

6. 차입원가의 자본화

(1) 차입원가

차입원가는 자금의 차입과 관련하여 발생하는 이자 및 기타원가를 말한다.

차입원가의 자본화란 의도된 용도로 사용하거나 판매가능한 상태에 이르게 하는 데 상당한 기간을 필요로 하는 자산인 일정한 요건을 갖춘 적격자산의 취득기간 중에 발생한 차입원가를 취득원가로 인식하는 것을 말한다. 그러나 기타 차입원가는 당기비용으로 인식한다.

⑵ **적격자산**

적격자산이란 의도된 용도로 사용하거나 판매가능한 상태에 이르게 하는 데 상당한 기간을 필요로 하는 재고자산, 유형자산, 무형자산, 투자부동산을 말한다.

⑶ **차입원가 산정**

적격자산을 취득할 목적으로 직접 차입한 자금을 특정차입금이라 하고, 일반적인 목적으로 차입한 자금 중 적격자산의 취득에 소요되었다고 볼 수 있는 자금을 일반차입금이라 한다. 적격자산에 대한 지출은 먼저 특정차입금을 사용하고 그 다음에 일반차입금 및 자기자본 순서로 사용한다는 가정하에 자본화할 차입원가를 산정한다.

① **특정차입금에 대하여 자본화할 차입원가**

> 자본화기간 중 발생한 특정차입금의 차입원가 − 특정차입금의 일시투자수익

② **일반차입금에 대하여 자본화할 차입원가**

$$\text{Min} \begin{cases} (\text{평균지출액} - \text{특정차입금을 사용한 평균지출액}) \times \text{자본화이자율} \\ \text{해당 회계기간에 발생한 일반차입금의 차입원가} \end{cases}$$

한편, 일반차입금에 대하여는 일시투자수익이 있더라도 차입원가에서 차감하지 않는다는 것에 주의해야 한다.

7. 복구비용

⑴ **복구비용의 개념**

복구비용이란 해당 유형자산의 경제적 사용이 종료된 후에 원상회복을 위하여 그 자산을 제거, 해체하거나 또는 부지를 복원하는데 소요될 것으로 추정되는 비용이 충당부채의 요건을 충족하는 경우 그 지출의 현재가치를 말한다. 복구비용에 대한 충당부채는 유형자산을 취득하는 시점에서 해당 유형자산의 취득원가에 반영한다(예 쓰레기매립장, 원자력발전소, 해상구조물, 저유설비 등).

⑵ **복구비용 회계처리**

① **취득시**

유형자산의 취득·건설·개발에 따른 복구원가에 대한 충당부채는 유형자산을 취득하는 시점에서 유형자산의 취득원가에 반영한다.

> 취득시 : (차) 구 축 물(등) ××× (대) 현 금(등) ×××
> 복구충당부채 ××× (= 현재가치)

② 감가상각과 복구충당부채전입액

유형자산의 취득가액에 근거하여 감가상각을 하는 한편 복구충당부채에 유효이
자율을 적용하여 매기 복구충당부채전입액(이자비용으로 처리)을 인식한다.

결산시 : (차) 감가상각비	×××	(대) 감가상각누계액	×××	
이자비용	×××	복구충당부채	×××	

③ 복구와 잔존가치의 처분

내용연수 종료 후에 복구할 때는 실제로 발생한 복구원가와 복구충당부채를 상계
하고 차액은 복구공사손실 또는 복구공사이익(복구공사손실환입)으로 하여 당해
연도의 손익으로 처리한다.

복구시 : ┌ 손실발생 : (차) 복구충당부채	×××	(대) 현금, 재고자산(등)	×××	
복구공사손실	×××			
└ 이익발생 : (차) 복구충당부채	×××	(대) 현금, 재고자산(등)	×××	
		복구공사이익	×××	

Thema 03 | 후속원가

일상적인 수선유지비용은 당기비용으로 처리한다. 그러나 자산의 본래 용도를 변경하거나,
생산성(능률)을 향상시킴으로써 자산으로부터 발생하는 미래 경제적 효익이 기업에 유
입될 가능성이 높고, 자산의 원가를 신뢰성 있게 측정할 수 있는 추가적 지출에 대해서
는 최초인식과 동일한 인식기준을 적용하여 인식한다.

1. 자본적 지출

자본적 지출은 유형자산의 지출의 결과 그 지출로 인한 효익이 차기 이후의 기간까
지 지속적으로 미치는 것으로서 유형자산의 취득원가에 가산하여 처리하였다가 유
형자산의 사용으로 인하여 수익이 실현되는 시점에서 감가상각비(비용)로 처리한다.

⊞ 취득 후 지출(후속원가)의 회계처리

취득 후 지출	회계처리
증설원가	유형자산의 장부금액에 포함
일상적인 수선·유지원가	발생시점에 당기비용으로 인식
주요 부품 등 정기적인 대체원가	자산 인식기준을 충족한 경우에는 유형자산의 장부금액에 포함(예 용광로의 내화벽돌교체, 항공기의 내부설비 교체)
결함에 대한 정기적인 종합검사 원가	자산 인식기준을 충족한 경우에는 유형자산의 장부금액에 포함(예 항공기의 종합검사원가)

2. 수익적 지출

수익적 지출은 유형자산에 대한 지출의 효익이 당기에만 미치는 것으로서 당해 지출 전액을 당기비용으로 처리한다. 기업회계기준에서는 원상을 회복시키거나 능률유지를 위한 지출은 수익적 지출로 처리하도록 규정하고 있다.

⊞ 자본적 지출과 수익적 지출

구 분	자본적 지출	수익적 지출
의 의	자산의 인식기준 충족한 지출 ① 자산의 실질가치 증가 ② 내용연수의 연장	자산의 인식기준 충족하지 못한 지출 ① 원상회복 ② 능률유지
사 례	① 용도변경을 위한 개조 ② 증설(엘리베이터, 냉난방, 피난시설 등) ③ 증축, 개량 및 대체 ④ 재해·화재 등으로 인하여 건물, 기계, 설비 등의 멸실 또는 훼손되어 당해 자산의 본래 용도에 이용 가치가 없는 것의 복구비용	① 건물 또는 외벽의 도장 ② 경상적 수선유지비 ③ 파손된 유리, 기와의 대체 등 ④ 소모성 부속품 대체 ⑤ 기타 원상회복이나 능률유지를 위한 지출
회계처리	해당자산의 원가에 산입(= 자본화)	비용(수선비) 처리

Thema 04 \ 감가상각

1. 감가상각의 의의

감가상각이란 유형자산의 가치감소(소멸)액을 자산 원가에서 차감하는 절차로서 해당 유형자산의 취득원가를 경제적 효익을 받는 기간에 걸쳐 합리적·체계적으로 배분하는 과정이다[원가배분과정]. 즉, 유형자산이 수익창출 활동에 사용하는 기간 동안에 유형자산의 사용액을 비용으로 인식함으로써 각 회계기간의 기간손익을 정확하게 인식하자는 것이다[수익·비용의 대응].

2. 감가상각의 계산요소

㉠ 취득원가, ㉡ 내용연수, ㉢ 잔존가치

유형자산의 내용연수와 잔존가치는 적어도 매 회계연도 말에 재검토하여야 한다. 재검토결과 추정치가 종전 추정치와 다르다면 그 차이는 회계추정의 변경으로 회계처리한다.

감가상각 대상액 = 취득원가 − 잔존가치

3. 감가상각비의 계산 방법

시간경과 기준법	정액법(직선법)		매년 일정
	가속상각법 (체감잔액법)	정률법	초기 감가상각비는 크고 기간경과에 따라 감소
		연수합계법	
		이중체감법	
비례법	작업시간 비례법		조업도에 비례
	생산량 비례법		
기타 방법	폐기법과 갱신법(대체법), 종합(조별)상각법, 재고법, 연금법, 상각기금법 등		

(1) 정액법

$$매기\ 감가상각비 = \frac{취득원가 - 잔존가액}{내용연수}$$

(2) **가속상각법**(체감상각법)

① **정률법**(미상각 잔액법)

$$매기\ 감가상각비 = (취득원가 - 감가상각누계액) \times 정률\%$$
$$= 미상각\ 잔액 \times 정률\%$$
$$= 장부가액 \times 정률\%$$
$$*정률 = 1 - n\sqrt{\frac{잔존가액}{취득원가}}$$

② **이중체감법**(정액법의 배법)

$$매기\ 감가상각비 = 미상각\ 잔액 \times 상각률^*$$
$$*상각률 = \frac{1}{내용연수} \times 2$$

③ **연수합계법**(급수법)

$$매기\ 감가상각비 = (취득원가 - 잔존가액) \times \frac{잔여\ 내용연수}{내용연수\ 합계}$$
$$*내용연수합계 = \frac{n(n+1)}{2}$$

유형자산의 상각방법	정액법, 정률법, 생산량비례법 등 합리적인 방법 선택 적용
초기 상각액의 크기	이중체감법 > 정률법 > 연수합계법 > 정액법

(3) **비례법**

내용연수를 기준으로 하지 않고 생산량 또는 사용량에 비례하여 감가상각비를 계산하는 방법이다. 비례법은 기간기준이 아닌 물량기준이므로 월할상각하지 않는다.

① **생산량 비례법**

$$매기\ 감가상각비 = (취득원가 - 잔존가액) \times \frac{실제\ 생산량}{추정\ 총\ 생산량}$$

② **작업시간 비례법**

$$매기\ 감가상각비 = (취득원가 - 잔존가액) \times \frac{실제\ 작업시간\ 수}{추정\ 총\ 작업시간\ 수}$$

기업이 선택한 유형자산의 감가상각방법은 적어도 매 회계연도 말에 재검토한다. 재검토결과 자산에 내재된 미래 경제적 효익이 예상되는 소비형태에 중요한 변동이 있다면, 변동된 소비형태를 반영하기 위하여 감가상각방법을 변경한다. 그러한 변경은 회계추정의 변경으로 회계처리한다.

4. 감가상각과 관련된 기타의 문제

(1) 기중 취득하는 경우의 감가상각

유형자산을 기중에 취득하는 경우에는 1년치 감가상각비를 다 인식하는 것보다는 취득시점부터 기말까지의 기간에 대하여만 감가상각비를 인식하는 것이 더 합리적이다.

(2) 사용을 중단하여 매각예정된 유형자산

내용연수 도중에 사용을 중단하고, 처분할 예정이며 당해 유형자산의 장부금액이 계속사용이 아닌 매각거래를 통하여 주로 회수될 것이라면 감가상각을 중단하고, 이를 매각예정비유동자산으로 별도로 분류하여 재무상태표에 공시한다.

매각예정비유동자산으로 분류된 유형자산은 사용을 중단한 시점에 순공정가치와 장부금액 중 작은 금액으로 측정하고, 재분류 시점의 순공정가치의 하락액과 향후 순공정가치의 하락액을 손상차손으로 인식한다. 향후 순공정가치가 회복되는 경우 기인식손상차손을 한도로 하여 손상차손환입을 인식한다.

Thema 05 \ 유형자산의 제거(처분)

1. 유형자산의 처분

① 처분시점까지의 감가상각비를 계산한다.

② 처분시점의 장부금액 계산을 위하여 취득원가와 감가상각누계액을 파악한다.

③ 유형자산처분손익 = 처분가액(= 처분가격 − 부대비용) − 장부금액(= 취득원가 − 감가상각누계액)

2. 폐 기

폐기되는 시점에서의 유형자산 장부금액과 폐기비용을 유형자산처분손실로 계상하고, 폐기로 인한 현금수입은 유형자산처분손실에서 차감한다.

3. 비자발적 처분

홍수, 화재 등의 재난이나 정부기관에 의한 수용·몰수 등으로 유형자산의 용역잠재
력이 소멸되는 경우를 비자발적 처분이라고 한다. 이 경우에는 기업이 이러한 비자
발적 처분에 대비한 보험의 가입여부에 관계없이 재해 직전의 장부금액을 '재해손실'
로 처리하고, 차후에 보험금의 확정액을 '보험차익(보험금수익)'으로 처리한다.

Thema 06 \ 유형자산의 손상

1. 유형자산의 손상차손

유형자산은 원칙적으로 역사적원가로 기록하고 공정가치로 평가하지 않는다.
다만, 원가모형을 선택하여 유형자산을 측정하고 있는 경우에도 자산의 진부화 또는
시장가치의 급격한 하락 등으로 인하여 유형자산의 미래 경제적 효익이 장부금액에
현저하게 미달하는 경우에는 실현된 손실로 보아 손상차손을 인식한다.

(1) 자산손상에 대한 징후

유형자산은 매 보고기간 말마다 자산손상을 시사하는 징후가 있는지를 검토한다. 만
약 그러한 징후가 있다면 당해 자산의 회수가능액을 추정한다.

> ① 회계기간 중에 자산의 시장가치가 시간의 경과나 정상적인 사용에 따라 하락할
>   것으로 기대되는 수준보다 중요하게 더 하락하였다.
> ② 기업 경영상의 기술·시장·경제·법률 환경이나 해당 자산을 사용하여 재화나
>   용역을 공급하는 시장에서 기업에 불리한 영향을 미치는 중요한 변화가 회계기
>   간 중에 발생하였거나 가까운 미래에 발생할 것으로 예상된다.
> ③ 시장이자율이 회계기간 중에 상승하여 자산의 사용가치를 계산하는 데 사용되는
>   할인율에 영향을 미쳐 자산의 회수가능액을 중요하게 감소시킬 가능성이 있다.
> ④ 기업의 순자산 장부금액이 당해 시가총액보다 크다.
> ⑤ 자산이 진부화되거나 물리적으로 손상된 증거가 있다.
> ⑥ 회계기간 중에 기업에 불리한 영향을 미치는 중요한 변화가 자산의 사용범위 및
>   사용방법에서 발생하였거나 가까운 미래에 발생할 것으로 예상된다. (에 자산의
>   유휴화, 영업부문을 중단, 구조조정 계획, 자산의 조기처분 계획, 비한정 내용연수
>   를 유한 내용연수로 재평가하는 것)
> ⑦ 자산의 경제적 성과가 기대수준에 미치지 못하거나 못할 것으로 예상되는 증거
>   를 내부보고를 통해 얻을 수 있다.

(2) 손상차손의 인식

손상징후가 있으며, 회수가능액이 당해 유형자산의 장부금액에 미달한다면 장부금액을 회수가능액으로 조정하고 감소금액은 손상차손의 과목으로 하여 당기손익으로 인식한다.

① 회수가능액

자산의 회수가능액은 당해 자산의 순공정가치와 사용가치 중 큰 금액으로 한다.

순공정가치	자산의 예상처분금액 − 처분부대원가
사용가치	자산의 계속적인 사용과 최종 처분에서 기대되는 미래 현금흐름 추정액의 할인한 현재가치

② 장부금액

장부금액은 정상적인 감가상각을 한 후에 손상차손을 인식하기 직전 시점에서의 장부금액을 의미한다. 즉, 먼저 감가상각을 하고 난 후에 손상차손을 인식한다.

$$손상차손 = Max[순공정가치, 사용가치] − 손상 전 장부금액$$

③ 회계처리

손상	(차) 유형자산손상차손 ×××	(대) 손상차손누계액 ×××

2. 유형자산의 손상차손환입

손상차손을 인식한 이후에도 감가상각대상 자산의 경우에는 수정된 장부금액에서 잔존가치를 차감한 금액을 자산의 잔여내용연수에 걸쳐 감가상각비를 인식한다. 또한 매 보고기간 말마다 유형자산에 대해 과거에 인식한 손상차손이 더 이상 존재하지 않거나 감소된 것을 시사하는 징후가 있는지를 검토하여 손상차손환입의 인식여부를 고려하여야 한다.

(1) 손상차손환입에 대한 징후

유형자산의 손상차손환입에 대한 징후가 있는지를 검토하는 경우에는 시장가치, 법률환경의 변화, 시장이자율 등의 외부정보를 고려하여야 한다.

(2) 손상차손환입의 인식

손상된 자산의 회수가능액이 당해 장부금액을 초과하는 경우에는 과거에 손상차손을 인식하기 전 장부금액의 감가상각후잔액을 한도로 하여 그 초과액을 손상차손환입의 계정으로 하여 당기손익으로 인식한다.

> 손상차손환입
> = Min[회수가능액, 손상되지 않았을 경우의 장부금액] − 환입 전 장부금액

① **손상되지 않았을 경우의 장부금액**

이는 손상차손을 인식하지 않고 정상적으로 계속 감가상각 했을 경우의 장부금액을 의미한다. 즉, 회수가능액이 회복된 경우에는 취득원가주의 입장에서 손상차손을 인식하지 않고 정상적으로 상각했을 경우의 금액까지 자산을 증가시키는 것을 인정하겠다는 의미이다.

② **환입 전 장부금액**

환입 전 장부금액은 손상차손을 인식한 후의 장부금액을 기준으로 잔존내용연수에 걸쳐 정상적으로 감가상각비를 인식한 후의 환입 직전의 장부금액을 의미한다.

③ **회계처리**

환 입	(차) 손상차손누계액	×××	(대) 손상차손환입	×××

Thema 07 \ 재평가모형

기업은 유형자산의 인식일 이후의 측정방법으로 원가모형과 재평가모형 중 하나를 회계정책으로 선택하여 유형자산 분류별로 동일하게 적용할 수 있다. 원가모형은 유형자산을 취득원가에서 감가상각누계액과 손상차손누계액을 차감한 금액을 장부금액으로 공시하는 방법을 말한다.

1. 원가모형

원가모형이란 최초 인식 후에 취득원가에서 감가상각누계액과 손상차손누계액을 차감한 금액을 장부금액으로 하는 모형을 말한다.

> 장부금액 = 취득원가 − 감가상각누계액 − 손상차손누계액

2. 재평가모형

재평가모형이란 취득일 이후 공정가치를 신뢰성있게 측정할 수 있는 유형자산에 대하여는 재평가일의 공정가치로 해당 자산금액을 수정하고, 당해 공정가치에서 재평가일 이후의 감가상각누계액과 손상차손누계액을 차감한 금액을 장부금액으로 공시하는 방법을 말한다.

재평가는 보고기간 말에 자산의 장부금액이 공정가치와 중요하게 차이가 나지 않도록 주기적(매 3년이나 5년마다)으로 수행해야 하며, 특정 유형자산을 재평가할 때에는 해당 자산이 포함되는 유형자산분류 전체를 동시에 재평가한다.

3. 재평가손익의 회계처리

(1) 재평가이익

자산의 장부금액이 재평가로 인하여 증가된 경우에 그 증가액은 기타포괄이익으로 인식하고 재평가잉여금의 과목으로 하여 자본(기타포괄손익누계액)에 가산한다.

(2) 재평가손실

자산의 장부금액이 재평가로 인하여 감소된 경우에 그 감소액은 당기손실로 인식한다. 그러나 동일한 자산에 대하여 이전에 기타포괄이익으로 인식한 재평가잉여금의 잔액이 있다면 그 금액을 한도로 재평가잉여금과 우선 상계한다.

(3) 재평가잉여금의 처리방법

유형자산과 관련하여 자본(기타포괄손익누계액)에 계상된 재평가잉여금은 당해 자산이 폐기되거나 처분될 때 일괄적으로 이익잉여금으로 대체한다. 또한 당해 자산을 사용하면서 재평가잉여금의 일부를 이익잉여금으로 대체할 수도 있다.

이 경우 재평가된 금액에 근거한 감가상각액과 최초 취득원가에 근거한 감가상각액의 차이를 계산하여 이익잉여금으로 대체해야 한다. 재평가잉여금을 이익잉여금으로 대체하는 경우 당해 금액은 어떠한 경우에도 당기손익으로 인식하지 않는다.

⊞ **재평가손익의 처리방법**

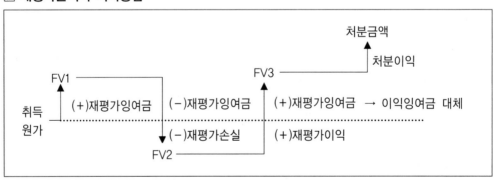

Thema 08 투자부동산

1. 투자부동산의 의의

투자부동산이란 임대수익이나 시세차익 또는 두 가지 모두를 얻기 위하여 소유자나 금융리스의 이용자가 보유하고 있는 부동산을 말한다. 이 경우 부동산이란 토지, 건물 또는 건물의 일부분 또는 토지와 건물을 포함한 경우를 말한다. 투자부동산의 예는 다음과 같다.

⊞ **투자부동산으로 분류하는 사례**

사 례	분 류
① 장기 시세차익을 얻기 위하여 보유하고 있는 토지 ② 장래 사용목적을 결정하지 못한 채로 보유하고 있는 토지 ③ 직접 소유(또는 금융리스를 통해 보유)하고 운용리스로 제공하고 있는 건물 ④ 운용리스로 제공하기 위하여 보유하고 있는 미사용 건물 ⑤ 투자부동산으로 사용하기 위하여 건설 또는 개발 중인 부동산	투자부동산
정상적인 영업과정에서 판매하거나 이를 위하여 건설 또는 개발 중인 부동산	재고자산
제3자를 위하여 건설 또는 개발 중인 자산	재고자산
자가사용부동산	유형자산
금융리스로 제공한 부동산	해당사항 없음

2. 투자부동산의 인식 및 측정

투자부동산은 투자부동산의 정의를 충족하고, 당해 투자부동산에서 발생하는 미래 경제적 효익의 유입가능성이 높고, 그 원가를 신뢰성 있게 측정할 수 있을 때 자산으로 인식된다.

(1) 최초원가 및 후속원가

투자부동산과 관련된 최초원가 및 후속원가는 구입가격에 구입부대원가를 포함하여 인식한다. 이 경우 구입부대원가에는 거래원가를 포함한다. 그러나 다음의 항목은 투자부동산의 원가에 포함하지 아니한다.

- 경영진이 의도하는 방식으로 부동산을 운영하는데 필요한 상태에 이르게 하는 데 직접 관련이 없는 초기원가
- 계획된 사용수준에 도달하기 전에 발생하는 부동산의 운영손실
- 건설이나 개발 과정에서 발생한 비정상인 원재료, 인력 및 기타 자원의 낭비 금액

(2) 대체원가

투자부동산의 일부분은 대체를 통하여 취득될 수 있는데 대체하는데 소요되는 원가가 자산인식기준을 충족한다면 원가발생시점에 투자부동산의 장부금액에 인식하고, 대체되는 부분의 장부금액은 제거한다.

(3) 유지원가

부동산과 관련하여 일상적으로 발생하는 유지원가는 주로 노무원가와 소모품원가이며 중요하지 않은 부품의 원가를 포함할 수도 있다. 이러한 지출은 자산인식요건을 충족하지 못하는 경우가 대부분이므로 발생하였을 때 당기손익으로 인식한다.

3. 후속측정

투자부동산을 최초로 인식한 후에는 당해 자산에 대하여 원가모형(cost model) 또는 공정가치모형(fair value model) 중 한 가지 방법을 선택하여 모든 투자부동산에 적용한다. 다만, 운용리스부동산에 대한 권리는 투자부동산으로 분류하는 경우 반드시 공정가치모형을 적용하여 평가한다.

(1) 원가모형

최초 인식 이후 투자부동산의 평가방법을 원가모형으로 선택한 경우에는 모든 투자부동산에 대하여 "유형자산" 기준서의 원가모형에 따라 측정된다. 따라서 투자부동산이 감가상각대상자산인 경우에는 유형자산과 동일하게 감가상각비를 인식한다.

(2) 공정가치모형

투자부동산에 대하여 공정가치모형을 선택한 경우에는 최초 인식 후 모든 투자부동산을 공정가치로 측정하고 공정가치 변동으로 발생하는 손익은 발생한 기간의 당기손익에 반영한다. 이 경우 감가상각대상자산인 경우에도 감가상각은 하지 않는다.

> • 공정가치 > 장부금액: (차) 투자부동산　　　×××　(대) 투자부동산평가이익 ×××
> • 공정가치 < 장부금액: (차) 투자부동산평가손실 ×××　(대) 투자부동산　　　　×××

4. 투자부동산의 보유목적 변경

부동산의 보유목적 변경이 다음과 같은 사실로 입증되는 경우에는 투자부동산의 계정대체가 발생할 수 있다.

⊞ 보유목적 변경의 경우 계정대체

상 황	계정 대체
자가사용의 개시	투자부동산 ⇨ 유형자산으로 대체
판매를 위한 개발시작	투자부동산 ⇨ 재고자산으로 대체
자가사용의 종료	유형자산 ⇨ 투자부동산으로 대체
제3자에 운용리스	재고자산 ⇨ 투자부동산으로 대체

(1) 원가모형을 적용하는 경우의 분류변경

투자부동산을 원가모형으로 평가하는 경우에는 대체 전 자산의 장부금액을 승계하므로 평가손익은 발생하지 않는다.

(2) 공정가치모형을 적용하는 경우의 분류변경

투자부동산에 대하여 공정가치모형을 적용하는 경우 사용목적 변경시점의 공정가치로 분류변경한다.

⊞ 공정가치 투자부동산의 분류변경

상 황		재분류시 평가손익
재분류 전	재분류 후	
투자부동산	재고자산	당기손익 인식 후 재고자산으로 대체
투자부동산	유형자산	당기손익 인식 후 유형자산으로 대체
재고자산	투자부동산	당기손익 인식 후 투자부동산으로 대체
유형자산	투자부동산	유형자산 재평가손익 인식 후 투자부동산으로 대체 • 공정가치 평가이익 : 기타포괄손익 • 공정가치 평가손실 : 당기손익

5. 투자부동산의 제거

투자부동산은 처분하거나, 투자부동산의 사용을 영구히 중지하고 처분으로도 더 이상의 경제적 효익을 기대할 수 없는 경우에는 재무상태표에서 제거한다. 투자부동산의 처분시점은 수익인식기준을 적용하고, 폐기나 처분으로 발생하는 손익은 순처분금액과 장부금액의 차액이며 폐기나 처분이 발생한 기간에 당기손익으로 인식한다.

제6장 \ 무형자산

1. 무형자산 일반

(1) 무형자산의 의의 및 인식기준

무형자산(intangible assets)을 인식하기 위해서는 무형자산의 의의와 인식기준을 모두 충족해야 한다.

의 의	무형자산은 재화의 생산이나 용역의 제공, 타인에 대한 임대 또는 관리에 사용할 목적으로 기업이 보유하고 있으며, 물리적 형체가 없는 비화폐성자산
인식기준	① 식별가능성 ② 자원에 대한 통제 ③ 미래 경제적 효익

(2) 무형자산의 인식

무형의 자원을 재무상태표에 무형자산으로 인식하기 위해서는 그 항목이 다음의 조건을 모두 충족한다는 사실을 기업이 제시하여야 한다.

① 무형자산의 정의를 충족한다(식별가능성, 자원에 대한 통제, 미래 경제적 효익).
② 자산에서 발생하는 미래 경제적 효익이 기업에 유입될 가능성이 높다.
③ 자산의 취득원가를 신뢰성있게 측정할 수 있다.

(3) 무형자산의 종류

① 브랜드명
② 제호 및 출판표제
③ 컴퓨터 소프트웨어
④ 라이선스와 프랜차이즈
⑤ 산업재산권(산업재산권의 취득을 위하여 지출한 개발비 미상각잔액은 산업재산권의 취득원가에는 포함하지 않는다.)
⑥ 개발비
⑦ 저작권
⑧ 영업권
⑨ 기타의 무형자산 : 임차권리금, 광업권·어업권, 차지권(지상권 포함), 전기가스시설이용권, 수도시설이용권 등

한편, 미래 경제적 효익을 가져오는 지출이 발생하였더라도 무형자산 인식기준을 충족하지 않는 창업비, 개업비, 사업개시비용, 교육훈련을 위한 지출, 광고 또는 판매촉진활동을 위한 지출, 기업의 전부 또는 일부의 이전 또는 조직개편에 관련된 지출 등은 기간비용으로 인식하여야 한다.

(4) 무형자산의 최초인식

무형자산을 최초로 인식할 때에는 취득원가로 측정한다.

① 개별취득

개별 취득하는 무형자산의 원가는 다음 항목으로 구성된다.

구입 가격	매입할인과 리베이트를 차감하고 수입관세와 환급받을 수 없는 제세금을 포함한 순구입가격
직접 관련 원가	㉠ 그 자산을 사용 가능한 상태로 만드는 데 직접적으로 발생하는 종업원급여 ㉡ 그 자산을 사용 가능한 상태로 만드는 데 직접적으로 발생하는 전문가 수수료 ㉢ 그 자산이 적절하게 기능을 발휘하는지 검사하는 데 발생하는 원가

한편, 다음의 사례와 같은 원가는 무형자산 원가에 포함하지 않는다.

> ㉠ 새로운 제품이나 용역의 홍보원가(광고와 판매촉진활동 원가를 포함한다)
> ㉡ 새로운 지역에서 또는 새로운 계층의 고객을 대상으로 사업을 수행하는 데서 발생하는 원가(교육훈련비를 포함한다)
> ㉢ 관리원가와 기타 일반경비원가
> ㉣ 무형자산을 사용하거나 재배치하는 데 발생하는 원가
> ㉤ 경영자가 의도하는 방식으로 운용될 수 있으나 아직 사용하지 않고 있는 기간에 발생한 원가
> ㉥ 자산의 산출물에 대한 수요가 확립되기 전까지 발생하는 손실과 같은 초기 영업손실
> ㉦ 부수적인 영업활동과 관련된 원가

② 사업결합으로 인한 취득

사업결합으로 취득하는 무형자산의 취득원가는 기업회계기준서 제1103호 '사업결합'에 따라 취득일의 공정가치로 한다.

③ 정부보조에 의한 취득

정부보조로 무형자산을 무상이나 낮은 대가로 취득하는 경우 무형자산과 정부보조금 모두를 최초에 공정가치로 인식할 수 있다.

④ **자산의 교환 취득**

교환으로 취득하는 경우 무형자산의 원가는 다음 중 하나에 해당하는 경우를 제외하고는 공정가치로 측정한다.

㉠ 교환거래에 상업적 실질이 결여된 경우

㉡ 취득한 자산과 제공한 자산의 공정가치를 둘 다 신뢰성 있게 측정할 수 없는 경우

⑤ **내부적으로 창출한 무형자산**

내부적으로 창출한 무형자산도 무형자산의 인식기준을 충족하는 경우에 한해서만 자산(개발비, 산업재산권 등)으로 인식한다.

⊡ 연구활동 및 개발활동 관련지출의 처리방법 요약

구 분	비 고	처리방법
연구활동 관련비용	전액	발생시점에 비용처리
개발활동 관련비용	자산요건을 충족할 경우	개발비로 자산처리
	자산요건을 충족 못할 경우	발생시점에 비용처리

한편, 최초에 비용으로 인식한 무형항목에 대한 지출은 그 이후에 무형자산의 원가로 인식할 수 없으며, 내부적으로 창출한 브랜드, 제호, 출판표제, 고객 목록과 이와 실질이 유사한 항목은 사업을 전체적으로 개발하는 데 발생한 원가와 구별할 수 없으므로 무형자산으로 인식하지 아니한다.

⑥ **내부적으로 창출한 영업권**

내부적으로 창출한 영업권은 자산으로 인식하지 아니한다.

내부적으로 창출한 영업권은 원가를 신뢰성 있게 측정할 수 없고 기업이 통제하고 있는 식별가능한 자원이 아니기 때문에(즉, 분리가능하지 않고 계약상 또는 기타 법적 권리로부터 발생하지 않기 때문에) 자산으로 인식하지 아니한다.

⑸ **무형자산의 상각**

① **내용연수**

내용연수가 유한한지 또는 비한정인지를 평가하여, 내용연수가 유한하면 상각하고 내용연수가 비한정이면 상각하지 않는다.

내용연수는 경제적 요인에 의해 결정된 기간(경제적 내용연수)과 법적 요인에 의해 결정된 기간(법적 내용연수) 중 짧은 기간으로 한다.

② 내용연수가 유한한 무형자산

내용연수가 유한한 무형자산의 상각대상금액은 내용연수동안 체계적인 방법으로 배분하여야 한다. 상각은 자산이 사용가능한 때부터 시작한다.

상각방법	상각방법은 자산의 경제적 효익이 소비되는 형태를 반영한 방법이어야 한다. 다만, 소비되는 형태를 신뢰성 있게 결정할 수 없는 경우에는 정액법을 사용한다.
상각액	무형자산의 상각액은 일반적으로 당기손익으로 인식한다. 그러나 다른 자산의 생산에 소모되는 경우, 그 자산의 상각액은 다른 자산의 장부금액 즉, 제조원가에 포함한다.
잔존가치	내용연수가 유한한 무형자산의 잔존가치는 없는 것을 원칙으로 한다.

내용연수가 유한한 무형자산의 상각기간과 상각방법은 적어도 매 회계연도 말에 검토한다. 자산이 갖는 미래 경제적 효익의 예상소비형태가 변동된다면, 변동된 소비형태를 반영하기 위하여 상각방법을 변경한다. 상각기간이나 상각방법의 변경은 회계추정의 변경으로 회계처리 한다.

③ 내용연수가 비한정인 무형자산

내용연수가 비한정인 무형자산은 상각하지 아니하며, 매년 또는 무형자산의 손상을 시사하는 징후가 있을 때 회수가능액과 장부금액을 비교하여 내용연수가 비한정인 무형자산의 손상검사를 수행하여야 한다.

㉠ 상각하지 않는 무형자산에 대하여 사건과 상황이 그 자산의 내용연수가 비한정이라는 평가를 계속하여 정당화하는지를 매 회계기간에 검토한다.

㉡ 사건과 상황이 그러한 평가를 정당화하지 않는 경우에 비한정 내용연수를 유한 내용연수로 변경하는 것은 회계추정의 변경으로 회계처리한다.

㉢ 비한정 내용연수를 유한 내용연수로 재평가하는 것은 그 자산의 손상을 시사하는 하나의 징후가 된다. 따라서 회수가능액과 장부금액을 비교하여 그 자산에 대한 손상검사를 하고, 회수가능액을 초과하는 장부금액을 손상차손으로 인식한다.

⑥ 무형자산의 손상차손과 환입

① 손상차손

매 보고기간 말마다 자산손상을 시사하는 징후가 있는지를 검토하고 만약 그러한 징후가 있다면 당해 자산의 회수가능액을 추정하여 손상검사를 한다. 다만, 내용연수가 비한정인 무형자산 또는 아직 사용할 수 없는 무형자산이나 사업결합으로 취득한 영업권에 대해서는 자산손상을 시사하는 징후가 있는지에 관계없이 매년 회수가능액을 추정하여 손상검사를 한다.

> 무형자산 손상차손 = 장부금액 − 회수가능가액 *
>
> * 회수가능가액 = Max[순공정가치, 사용가치]

② 손상차손환입

매 보고기간 말마다 자산에 대해 과거에 인식한 손상차손이 더 이상 존재하지 않거나 감소된 것을 시사하는 징후가 있는지를 검토하고 징후가 있는 경우 당해 자산의 회수가능액과 장부금액의 차이를 손상차손환입으로 처리한다.

> 손상차손환입 = Min [회수가능액, 손상되지 않았을 경우의 장부금액] − 환입 전 장부금액

(7) 무형자산의 폐기와 처분

무형자산은 처분하는 때나 사용이나 처분으로부터 미래 경제적 효익이 기대되지 않을 때 재무상태표에서 제거한다. 무형자산의 제거로 인하여 발생하는 이익이나 손실은 순매각가액과 장부금액의 차이로 결정한다.

2. 내부창출된 무형자산

(1) 연구단계와 개발단계의 구분

내부적으로 창출된 무형자산이 인식기준에 부합하는지를 판단하기 위하여 무형자산의 창출과정을 연구단계와 개발단계로 구분한다. 다만, 무형자산을 창출하기 위한 내부 프로젝트를 연구단계와 개발단계로 구분할 수 없는 경우에는 그 프로젝트에서 발생한 지출은 모두 연구단계에서 발생한 것으로 본다.

① 연구단계

연구란 새로운 과학적, 기술적 지식이나 이해를 얻기 위해 수행하는 독창적이고 계획적인 탐구활동을 말한다. 연구활동의 예는 다음과 같다.

> ① 새로운 지식을 얻고자 하는 활동
> ② 연구결과 또는 기타 지식을 탐색, 평가, 최종 선택 및 응용하는 활동
> ③ 재료, 장치, 제품, 공정, 시스템, 용역 등에 대한 여러 가지 대체안을 탐색하는 활동
> ④ 새롭거나 개선된 재료, 장치, 제품, 공정, 시스템, 용역 등에 대한 여러 가지 대체안을 제안, 설계, 평가 및 최종 선택하는 활동

연구단계에서는 미래 경제적 효익을 창출할 무형자산이 존재한다는 것을 제시할 수 없으므로 연구단계에서 발생한 지출은 발생시점에 비용으로 인식한다.

② **개발단계**

개발이란 상업적인 생산이나 사용 전에 연구결과나 관련 지식을 새롭거나 현저히 개량된 재료, 장치, 제품, 공정, 시스템이나 용역의 생산을 위한 계획이나 설계에 적용하는 활동을 말한다.

> ① 생산 전 또는 사용 전의 시작품과 모형을 설계, 제작 및 시험하는 활동
> ② 새로운 기술과 관련된 공구, 금형, 주형 등을 설계하는 활동
> ③ 상업적 생산목적이 아닌 소규모의 시험공장을 설계, 건설 및 가동하는 활동
> ④ 새롭거나 개선된 재료, 장치, 제품, 공정, 시스템 및 용역 등에 대해 최종적으로 선정된 안을 설계, 제작 및 시험하는 활동

개발단계는 선정된 대체안에 대하여 상업화를 결정하고 관련 시작품과 모형을 설계·제작·시험하는 활동이 수행되는 단계이다.

개발단계에서 발생한 지출은 다음 사항(자본화의 구체적인 요건)을 모두 제시할 수 있는 경우에만 무형자산으로 인식하고 그 외에는 발생시점에 비용으로 처리한다.

> ① 무형자산이 미래 경제적 효익을 창출할 수 있는 방법(미래 경제적 효익)
> ② 개발과정에서 발생한 무형자산 관련 지출을 신뢰성있게 측정할 수 있는 능력(신뢰성있는 측정)
> ③ 무형자산을 사용하거나 판매하기 위해 그 자산을 완성할 수 있는 기술적 실현가능성(기술적 실현가능성)
> ④ 무형자산의 개발을 완료하고 그것을 판매하거나 사용하는 데 필요한 기술적, 재정적 자원 등의 입수가능성(자원확보)
> ⑤ 무형자산을 완성하여 사용하거나 판매하려는 기업의 의도(의도)
> ⑥ 무형자산을 사용하거나 판매할 수 있는 기업의 능력(능력)

(2) 내부적으로 창출한 무형자산의 원가

내부적으로 창출한 무형자산의 원가는 그 자산의 창출, 제조 및 경영자가 의도하는 방식으로 운영될 수 있게 준비하는 데 필요한 직접 관련된 모든 원가를 포함하며, 무형자산 인식기준을 최초로 충족시킨 이후에 발생한 지출금액의 합으로 한다.

원가포함	① 무형자산의 창출에 사용되었거나 소비된 재료원가, 용역원가 ② 무형자산의 창출을 위하여 발생한 종업원급여 ③ 법적 권리를 등록하기 위한 수수료 ④ 무형자산의 창출에 사용된 특허권과 라이선스의 상각비 ⑤ 자본화대상 차입원가

원가불포함	① 판매비, 관리비, 기타 일반 간접 지출 ② 무형자산이 계획된 성과를 달성하기 전에 발생한 명백한 비효율로 인한 손실과 초기 영업손실 ③ 무형자산을 운용하는 직원의 교육훈련과 관련된 지출 ④ 연구활동과 관련된 지출

3. 영업권

(1) 의 의

영업권(goodwill)이란 유리한 입지조건, 우수한 경영진, 우수한 영업상·제조상의 비법, 높은 사회적 신뢰도, 지리적 위치, 법률적·경제적으로 독점적 지위 등의 요인들이 동종산업에 종사하는 다른 기업보다 뛰어날 때 그런 유리한 사항을 통틀어 표현하는 무형의 자산을 말하며 기업과 분리되어 독점적으로 거래될 수 없다.

(2) 영업권의 평가방법

영업권은 합병 등에 의한 사업결합에서 유상으로 취득한 것만을 무형자산으로 인식할 수 있으며 내부적으로 창출한 영업권(자가창설영업권)은 무형자산으로 인식할 수 없다.

영업권의 이론적인 평가방법은 초과이익환원법, 순이익환원법, 종합평가법, 연매법 등이 있으나 기업회계기준에서는 종합평가법만을 인정하고 있다.

① 종합평가법

기업전체의 평가액이 순자산(자산－부채)의 공정가치를 초과하는 금액을 영업권으로 보는 방법이다.

총괄평가법	기업전체의 평가액이 순자산의 공정가치를 초과하는 금액 • 합병대가 > 순자산의 공정가치 : 영업권(자산인식) • 합병대가 < 순자산의 공정가치 : 염가매수차익(수익인식)

② 초과이익환원법

초과이익환원법은 특정기업의 초과순이익이 무한히 계속 발생한다고 가정하고 그 초과순이익의 현재가치를 계산하여 영업권으로 보는 방법이다.

초과이익환원법	$$\dfrac{\text{평균순이익} - \text{순자산의 공정가치} \times \text{정상이익률}}{\text{할인율}^*}$$ * 할인율 : 초과수익률(문제에서 주어지지 않을 경우 정상이익률)

순이익환원법	$\dfrac{평균순이익}{정상이익률}$ − 순자산의 공정가치
연매법	• 매년의 초과순이익 × 초과순이익의 지속 년수 • 매년의 초과순이익: 평균순이익 − (순자산의 공정가치 × 정상이익률)

③ **영업권의 후속측정**

사업결합의 결과로 인식한 영업권은 그 자산이 순현금유입을 창출할 것으로 기대되는 기간에 대하여 예측가능한 제한이 없으므로 내용연수가 비한정인 것으로 본다. 따라서 영업권은 상각하지 않고 매년 또는 손상을 시사하는 징후가 있을 때마다 손상검사를 한다.

영업권의 회수가능액이 장부금액에 미달하는 경우에는 손상차손을 즉시 당기손익으로 인식한다.

영업권에 대해 손상차손을 인식하고 난 후 후속기간에 증가된 회수가능액은 사업결합으로 취득한 영업권의 손상차손환입액이 아니라 내부적으로 창출된 영업권 증가액일 것이다. 따라서 영업권에 대해 인식한 손상차손은 후속기간에 환입할 수 없다.

제7장　부 채

Thema 01　금융부채

1. 부채의 정의와 특징

(1) 부채의 정의

부채는 과거 사건의 결과로 기업의 경제적 자원을 이전해야 하는 현재의무를 말하며, 다음의 세 가지 조건을 모두 충족해야 한다.

① **과거의 거래나 사건의 결과 발생**

상품의 외상매입, 금융기관으로부터 자금의 차입 등 과거의 거래나 사건의 결과로 발생한다. 과거의 거래나 사건과 무관하게 단순히 미래 경제적 효익이 유출될 것으로 기대되는 것은 부채가 아니다.

② 현재 부담하고 있는 의무

  ㉠ 법적의무 : 명시적 또는 묵시적 계약, 법률, 기타 법적 효력 등에 의하여 발생한 의무

  ㉡ 의제의무 : 실무관행, 사회통념상의 의무

③ 미래 경제적 자원의 이전(유출)

기업실체가 현재의 의무를 이행하기 위해서는 미래에 경제적 자원의 이전이 수반된다. 다만, 미래 경제적 효익이 반드시 일정액으로 확정되어야만 부채의 정의를 충족하는 것은 아니다.

(2) 부채의 분류

구 분		종 류
결제시기에 따라	유동부채	매입채무, 미지급금, 단기차입금, 유동성장기부채, 선수금 등
	비유동부채	사채, 장기차입금, 장기충당부채, 임대보증금, 이연법인세부채 등
시기와 금액의 확정여부에 따라	확정부채	매입채무, 미지급금, 차입금, 사채 등
	추정부채	충당부채, 우발부채 등
결제방법에 따라	금융부채	매입채무, 미지급금, 차입금, 사채, AC금융부채, FVPL금융부채 등
	비금융부채	선수금, 선수수익, 충당부채, 미지급법인세, 이연법인세부채 등
화폐단위 확정여부에 따라	화폐성부채	차입금, 사채, 미지급금 등 대부분의 부채
	비화폐성부채	품질보증채무, 선수수익 등

2. 금융부채

(1) 금융부채의 의의

금융부채는 계약에 의해 현금이나 다른 금융자산을 지급해야할 의무를 말한다.

① 다음 중 하나에 해당하는 계약상 의무

  ㉠ 거래상대방에게 현금 등 금융자산을 인도하기로 한 계약상 의무

  ㉡ 잠재적으로 불리한 조건으로 거래상대방과 금융자산이나 금융부채를 교환하기로 한 계약상 의무

② 자기지분상품으로 결제하거나 결제할 수 있는 다음 중 하나의 계약

  ㉠ 인도할 자기지분상품의 수량이 확정되지 않은 비파생상품

  ㉡ 확정 수량의 자기지분상품에 대하여 확정금액의 현금 등 금융자산을 교환하여 결제하는 방법이 아닌 방법으로 결제되거나 결제될 수 있는 파생상품

금융부채에 포함되는 항목으로는 매입채무, 금융리스부채, 미지급금, 차입금, 사채, 금융보증 등이 있다. 하지만 선수수익이나 선수금, 또는 품질보증의무 성격의 부채는 반대급부로 현금 등 금융자산을 인도할 계약상 의무가 아니라 재화나 용역을 인도해야 하므로 금융부채가 아니다.

법인세나 각종 부과금의 지급의무와 의제의무에 의하여 발생하는 부채도 현금지급의무에 해당되지만 계약상 의무가 아닌 법률적 의무사항이므로 금융부채가 아니다.

(2) 금융부채의 분류

금융부채는 인식과 측정을 위하여 상각후원가 측정 금융부채(AC금융부채), 당기손익 - 공정가치 측정 금융부채(FVPL금융부채)와 기타의 금융부채 세 가지 범주로 분류한다.

⊡ 금융부채의 분류

분 류		사 례
상각후원가 측정 금융부채		매입채무, 미지급금, 차입금과 사채 등
당기손익 - 공정가치 측정 금융부채	단기매매목적	공매주식, 단기재매입부채
	당기손익인식지정	공정가치위험회피수단인 파생상품부채
기타의 금융부채		지속적관여부채, 금융보증부채, 사업결합의 조건부 대가

(3) 금융부채 인식과 후속측정

금융부채는 금융상품의 계약당사자가 되는 때에 재무상태표에 인식한다. 금융부채는 최초 인식일과 후속측정시에 공정가치로 측정할 것을 원칙으로 하고 있다.

① 금융부채의 최초측정

금융부채는 최초 인식시 당해 금융부채로 인해 수취한 대가의 공정가치로 측정한다. 금융부채의 발행과 직접 관련되는 부대비용인 거래원가는 최초 인식하는 공정가치에 차감하여 측정한다. 이 경우 당해 금융부채의 거래원가는 유효이자율법으로 상각하여 당기손익으로 인식하게 된다. 다만, 여기서 주의할 점은 당기손익 - 공정가치 측정 금융부채의 취득을 위한 거래원가는 당기비용으로 회계처리한다는 것이다.

[금융부채와 관련된 거래원가의 회계처리]

당기손익인식 금융부채

(차) 현　　　　　금	×××	(대) 금 융 부 채	×××*
수 수 료 비 용	×××	현　　　　금	×××**

* 거래가격　　　** 거래원가

상각후원가 측정 금융부채

(차) 현　　　　　금	×××	(대) 금 융 부 채	×××*
현재가치할인차금	×××	현　　　　금	×××**

* 거래가격　　　** 거래원가

② **금융부채의 후속측정**

상각후원가 측정 금융부채는 유효이자율법을 사용하여 상각후원가로 후속측정하며, 당기손익 － 공정가치 측정 금융부채는 공정가치로 후속측정하여 관련손익을 당기손익으로 인식한다.

금융부채의 최초인식과 후속측정

구 분	최초인식		후속측정	
	최초인식	거래원가	후속측정(평가)	관련손익
FVPL 금융부채	공정가치로 측정	당기비용	공정가치	평가손익을 당기손익으로 인식
AC 금융부채	공정가치로 측정	공정가치에서 차감	상각후원가	유효이자율법 적용 이자수익 인식

(4) 금융부채의 제거

금융부채의 전체 또는 일부가 계약상 의무가 이행되거나 취소 혹은 만료되어 소멸한 경우에는 재무상태표에서 제거한다. 소멸하거나 제3자에게 양도한 금융부채의 장부금액과 지급한 대가(양도한 비현금자산이나 부담한 부채를 포함)의 차액은 당기손익(상환손익)으로 인식한다.

Thema 02 \ 사 채

1. 사채(bonds)

기업이 사채권을 발행하여 일반대중으로부터 자금을 차입하는 것으로 사채발행자인 기업은 사채라는 부채가 되며, 보통 비유동 금융부채이다.

2. 사채의 발행

(1) 사채 발행방법

사채의 발행가격은 사채의 미래현금흐름을 발행당시의 시장이자율로 할인한 현재가치로 결정된다. 이 금액이 최초인식시점의 사채 공정가치이며, 사채의 발행으로 인한 현금유입액이다. 시장이자율은 사채발행일의 기준금리와 가산금리의 합계로 결정된다.

> 사채의 발행가격 = 액면가액의 현재가치 + 액면이자의 현재가치

구 분	이자율간의 관계	액면가액과 발행가액의 관계
액면발행	시장이자율 = 액면이자율	발행가액 = 액면가액
할인발행	시장이자율 > 액면이자율	발행가액 < 액면가액
할증발행	시장이자율 < 액면이자율	발행가액 > 액면가액

① **평가발행**(액면가액 = 발행가액, 사채액면이자율 = 유효이자율)

```
사채를 발행한 경우
   (차) 당 좌 예 금    ×××   (대) 사          채    ×××
이자를 지급한 경우
   (차) 이 자 비 용    ×××   (대) 당 좌 예 금    ×××
```

② **할인발행**(액면가액 > 발행가액, 사채이자율 < 시장이자율)

```
사채를 발행한 경우
   (차) 당 좌 예 금       ×××   (대) 사          채    ×××
       사 채 할 인 발 행 차 금  ×××
이자를 지급한 경우
   (차) 이 자 비 용    ×××   (대) 당 좌 예 금       ×××
                              사 채 할 인 발 행 차 금  ×××
```

③ **할증발행**(액면가액 < 발행가액, 사채이자율 > 시장이자율)

```
사채를 발행한 경우
  (차) 당 좌 예 금    ×××    (대) 사           채        ×××
                                    사 채 할 증 발 행 차 금     ×××
이자를 지급한 경우
  (차) 이 자 비 용      ×××    (대) 당 좌 예 금            ×××
      사 채 할 증 발 행 차 금  ×××
```

구 분	사채할인발행차금	사채할증발행차금
성 격	선급이자 사채의 차감적 평가계정	선수이자 사채의 부가적 평가계정
재무상태표 표시	액면가액에서 차감하는 형식	액면가액에 가산하는 형식
상각/환입방법	유효이자율법	유효이자율법
상각/환입액	매기 증가 이자비용에 가산	매기 증가 이자비용에서 차감

[사채발행차금의 재무상태표 표시방법]

• 할인발행

```
사채                 ₩100,000
사채할인발행차금   ₩5,000 ₩95,000 (장부가, 매기 증가)
```

• 할증발행

```
사채                 ₩100,000
사채할증발행차금   ₩5,000 ₩105,000 (장부가, 매기 감소)
```

⑵ **사채발행비**(금융부채의 거래원가)

사채발행시 발생하는 비용으로 사채발행수수료, 광고비, 사채권의 인쇄비 등이 포함
된다. 기업회계기준에서는 사채발행비를 사채의 발행가액(공정가치)에서 직접 차감
하고 사채발행차금의 상각시에는 새로운 사채발행가액과 미래현금흐름의 현재가치
를 일치시키는 새로운 유효이자율을 재계산하여 동 유효이자율을 적용하여 사채발
행차금을 상각하도록 규정하고 있다. 결과적으로 사채발행비가 있는 경우에는 사채
발행비가 없는 경우에 비하여 사채의 발행가액은 감소하고 유효이자율은 상승한다.

> 사채발행비가 없는 경우 : 시장이자율 = 유효이자율
> 사채발행비가 있는 경우 : 시장이자율 < 유효이자율

3. 사채발행차금의 상각

사채가 할인 또는 할증발행시 발생하는 차액은 사채의 상환기간동안 유효이자율법으로 상각하여야 한다. 사채할인발행차금의 상각액은 이자비용에 가산하고, 사채할증발행차금의 상각(환입)액은 이자비용에서 차감한다.

> 유효이자 − 표시이자 = 당기 상각액

- 유효(시장, 실질)이자 = 사채의 장부가액 × 시장이자율
- 표시(액면, 명목)이자 = 사채의 액면가액 × 표시이자율
- 장부가액 = 액면가액 − 사채할인발행차금 또는 액면가액 + 사채할증발행차금

🔢 사채의 발행

구 분	할인발행	액면발행	할증발행
이자율 관계	액면% < 시장%	액면% = 시장%	액면% > 시장%
액면이자	일정	일정	일정
유효이자	증가	일정	감소
상각(환입)액	증가	−	증가
장부가액	증가	일정	감소

4. 사채이자비용

사채이자는 이자비용계정으로 처리하며, 결산시에는 액면이자액과 사채 할인발행차금의 상각액을 포함한다. 즉, 사채할인발행차금상각액은 사채이자비용에 가산하고, 사채할증발행차금환입액은 사채이자비용에서 차감한다.

> 할인발행 : (차) 이자비용(유효이자) ×××　(대) 현 금(액면이자) ×××
> 　　　　　　　　　　　　　　　　　　　　 사채할인발행차금 ×××
>
> 할증발행 : (차) 이자비용(유효이자) ×××　(대) 현 금(액면이자) ×××
> 　　　　　 사채할증발행차금 ×××

> ※ 만기까지 인식할 사채이자비용 = 만기까지의 액면이자 + 사채할인발행차금
> 　　　　　　　　　　　　　 또는 만기까지의 액면이자 − 사채할증발행차금

5. 사채의 상환

(1) 만기상환

사채의 만기일에 사채의 액면가액을 일시에 상환하는 방법으로 상환손익이 발생하지 않는다.

(2) 임시상환(조기상환)

만기일 이전에 사채를 시가(대개의 경우 시가하락시)로 매입하여 상환하는 방법으로 액면가액과 매입가액의 차액만큼 사채상환이익(또는 손실)이 발생한다.

> 상환가액(매입가액) < 장부가액* : 사채상환이익(기타수익)
> 상환가액(매입가액) > 장부가액* : 사채상환손실(기타비용)
> * 사채의 액면가액 ± 미상각 사채할인(할증)발행차금

① 상환사채의 권리행사 또는 자기사채의 매입소각방법에 의하여 조기상환할 경우 시장이자율의 변동에 따라 사채의 시장가격이 변하여 사채상환손익이 발생한다. 시장이자율이 상승하면 사채가격이 하락하므로 사채상환이익이 발생하며, 시장이자율이 하락하면 사채가격이 상승되어 사채상환손실이 발생한다.

시장이자율간의 관계	상환가액과 장부금액의 관계	손 익
발행시 = 상환시	장부금액 = 상환가액	손익 없음
발행시 < 상환시	장부금액 > 상환가액	사채상환이익
발행시 > 상환시	장부금액 < 상환가액	사채상환손실

② (임시)상환시 상환사채에 대한 미상각 할인(또는 할증)발행차금을 상각(또는 환입)시킨다.

③ 이자지급일 사이에 상환하는 경우에는 상환일까지의 발생이자가 있으므로 상환일까지의 이자비용을 먼저 인식하고, 그 후에 상환에 대하여 회계처리한다.

```
[할인발행후 매입상환]
(차) 사      채          ×××      (대) 당 좌 예 금              ×××
                                      사채할인발행차금            ×××
                                      사채상환이익              ×××

[할증발행후 매입상환]
(차) 사      채          ×××      (대) 당 좌 예 금              ×××
     사채할증발행차금      ×××           사채상환이익              ×××
```

Thema 03 \ 충당부채와 우발부채

1. 충당부채와 우발부채의 구분

(1) 충당부채

충당부채란 지출의 시기 또는 금액이 불확실한 부채를 말한다. 즉, 지출의 시기 또는 금액이 불확실하지만 부채의 정의(과거사건의 결과, 현재의무, 미래 경제적 효익의 유출)를 충족하고, 미래 경제적 효익의 유출가능성이 높고, 당해 의무의 이행에 소요되는 금액을 신뢰성있게 추정할 수 있어서 부채로 인식할 수 있는 것을 충당부채라 한다.

(2) 우발부채

> ① 과거사건은 발생하였으나 기업이 전적으로 통제할 수 없는 하나 또는 그 이상의 불확실한 미래사건의 발생 여부에 의하여서만 그 존재여부가 확인되는 잠재적인 의무
> ② 과거사건에 의하여 발생하였으나 당해 의무를 이행하기 위하여 경제적 효익이 내재된 자원이 유출될 가능성이 높지 아니한 경우나, 당해 의무를 이행하여야 할 금액을 신뢰성있게 측정할 수 없는 경우

우발부채는 부채의 정의를 충족하지 못하여 재무상태표에 부채로 인식할 수 없다.

(3) 우발자산

우발자산은 과거사건에 의하여 발생하였으나 기업이 전적으로 통제할 수는 없는 하나 이상의 불확실한 미래사건의 발생 여부에 의해서만 그 존재가 확인되는 잠재적 자산을 말한다.

(4) 재무제표 공시

충당부채는 부채의 인식요건을 충족하므로 재무상태표에 부채로 계상하고 포괄손익계산서에 당기손실로 인식한다.

충당부채는 그 사용시기에 따라 유동부채 또는 비유동부채로 분류한다. 다만 사용시기가 불확실한 경우에는 전액 비유동부채에 속하는 것으로 할 수 있다.

반면에 우발부채는 부채의 인식요건을 충족하지 못하므로 재무제표 본문에서 계상하지 못하고 주석으로 기재하는 것을 원칙으로 한다.

⊡ **충당부채와 우발부채의 인식요건**

자원유출가능성	금액의 신뢰성있는 추정가능성	
	가 능	불가능
높음(probable, 50% 초과)	충당부채로 인식	우발부채로 주석공시
높지 않음(possible)	우발부채로 주석공시	우발부채로 주석공시
아주 낮음(remote)	공시하지 않음	공시하지 않음

우발자산은 미래에 전혀 실현되지 아니할 수도 있는 수익을 인식하는 결과를 초래할 수 있기 때문에 재무제표에 인식하지 않는다. 단, 경제적 효익의 유입가능성이 높은 경우에만 주석으로 공시한다.

자원유입가능성	금액의 신뢰성있는 추정가능성	
	가 능	불가능
높 음	우발자산으로 주석공시	우발자산으로 주석공시
높지 않음	공시하지 않음	공시하지 않음

2. 충당부채의 인식

충당부채는 다음의 요건을 모두 충족하는 경우에 인식한다.

(1) 부채의 정의 충족

과거 사건이나 거래의 결과로 현재의무(법적의무 또는 의제의무)가 존재한다.

(2) 자원의 유출가능성

당해 의무를 이행하기 위하여 경제적 효익이 있는 자원이 유출될 가능성이 높다.

(3) 측정가능성

당해 의무의 이행에 소요되는 금액을 신뢰성 있게 추정할 수 있다.

3. 충당부채의 측정

충당부채로 인식하는 금액은 현재의무를 보고기간 말에 이행하기 위하여 소요되는 지출에 대한 최선의 추정치이어야 한다. 최선의 추정치는 보고기간 말에 의무를 이행하거나 제3자에게 이전시키는 경우에 합리적으로 지급하여야 하는 금액이다. 그리고 충당부채의 법인세효과 및 변동은 세전금액으로 측정한다.

(1) **위험과 불확실성**

충당부채에 대한 최선의 추정치를 구할 때에는 관련된 사건과 상황에 대한 불가피한 위험과 불확실성을 고려한다. 위험은 결과의 변동성을 의미한다.

(2) **현재가치**

화폐의 시간가치 효과가 중요한 경우(명목가액과 현재가치의 차이가 중요한 경우) 충당부채는 의무를 이행하기 위하여 예상되는 지출액의 현재가치로 평가한다. 현재 가치로 평가하기 위해 적용되는 할인율은 부채의 특유한 위험과 화폐의 시간가치에 대한 현행 시장의 평가를 반영한 세전 이율이다.

한편 충당부채를 현재가치로 평가하여 표시하는 경우에는 장부금액을 기간 경과에 따라 증가시키고 해당 증가 금액은 차입원가(이자비용)로 인식한다. 즉, 유효이자율 법을 적용하여 차입원가를 인식하며 당해 금액을 충당부채의 장부금액에 가산한다.

[현재가치평가 대상 충당부채의 회계처리]
충당부채 인식
    (차) 제 품 보 증 비   ×××   (대) 보증손실충당부채   ×××
보고기간 말
    (차) 이 자 비 용   (대) 보증손실충당부채   ×××

---

(3) **지출 금액에 영향을 미치는 미래사건**

현재의무를 이행하기 위하여 소요되는 지출 금액에 영향을 미치는 미래사건이 발생 할 것이라는 충분하고 객관적인 증거가 있는 경우에는 그러한 미래사건을 감안하여 충당부채 금액을 추정한다.

(4) **관련자산의 예상처분이익**

예상되는 자산처분이 충당부채를 발생시킨 사건과 밀접하게 관련되었더라도 예상되 는 자산처분이익은 충당부채를 측정하는 데 고려하지 않는다.

(5) **충당부채의 변제**

기업이 의무이행을 위하여 지급한 금액을 보험약정이나 보증계약 등에 따라 제3자가 보전하여 주거나, 기업이 지급할 금액을 제3자가 직접 지급하는 경우가 있다. 대부분 의 경우 기업은 전체 의무 금액에 대하여 책임이 있으므로 제3자가 변제할 수 없게 될 경우 당해 전체 금액을 이행해야 할 책임을 진다. 이 경우 전체 의무금액을 충당 부채로 인식하고 기업이 의무를 이행한다면 변제를 받을 것이 거의 확실하게 되는 때에 한하여 당해 예상변제금액을 별도의 자산으로 인식한다. 다만, 자산으로 인식하 는 금액은 관련 충당부채 금액을 초과할 수 없다.

```
[제3자에 의한 대리변제의 회계처리]
충당부채 인식
    (차) 손 해 배 상 손 실    ×××        (대) 손해배상충당부채    ×××
대리변제 인식
    (차) 대 리 변 제 자 산    ×××*       (대) 손 해 배 상 손 실    ×××
            * 대리변제금액
```

(6) 충당부채의 변동

충당부채는 보고기간 말마다 그 잔액을 검토하고, 보고기간 말 현재 최선의 추정치를 반영하여 증감조정한다. 의무이행을 위하여 경제적 효익을 갖는 자원이 유출될 가능성이 더 이상 높지 아니한 경우에는 관련 충당부채는 환입하여 당기손익에 포함한다.

(7) 충당부채의 사용

충당부채는 최초의 인식시점과 관련 있는 지출에 대해서만 사용하여야 한다. 다른 목적으로 충당부채를 사용하면 상이한 목적을 가진 두 가지 지출의 영향이 적절하게 표시되지 못하기 때문이다.

(8) 미래의 예상 영업손실

미래의 예상 영업손실은 부채의 정의에 부합하지 아니할 뿐만 아니라 충당부채의 인식기준을 충족시키지 못한다. 따라서 미래의 예상 영업손실은 충당부채로 인식하지 않는다.

(9) 손실부담계약

손실부담계약이란 당해 계약상의 의무에 따라 발생하는 회피가 불가능한 비용이 그 계약에 의하여 받을 것으로 기대되는 효익을 초과하는 계약을 말한다. 이러한 손실부담계약을 체결하고 있는 경우에는 관련된 현재의무를 충당부채로 인식하고 측정한다.

4. 충당부채의 유형

(1) 제품보증충당부채

제품보증이란 제품판매 후 일정기간 내에 품질, 수량 및 성능에 결함이 있는 경우에 무상수리나 제품교환을 해 주는 것을 말한다.
제품보증약정을 하고 제품을 판매할 경우 의무발생가능성이 높을 수 있기 때문에 자원의 유출가능성이 높고 그 금액을 신뢰성있게 추정할 수 있는 경우에는 충당부채를 인식한다.

판매시점	(차) 매　출　채　권　×××	(대) 매　　　　　출　×××
보증비 지출	(차) 제　품　보　증　비　×××	(대) 현　　　　　금　×××
결산시점	(차) 제　품　보　증　비　×××	(대) 제품보증충당부채　×××
보증비 지출	(차) 제품보증충당부채　××× 제　품　보　증　비　×××	(대) 현　　　　　금　×××

(2) 경품충당부채

소비자에게 구매를 유도하기 위해 구매금액에 비례하여 경품을 제공하는 판촉을 하는 경우가 있다. 경품권을 제공한 경우 경품권의 행사로 인하여 자원이 유출될 가능성이 높고 그 금액을 신뢰성있게 추정할 수 있으므로 경품으로 제공할 금액을 추정하여 경품충당부채로 인식한다.

매출시	(차) 현　　　　　금　×××	(대) 매　　　　　출　×××
경품구입시	(차) 경　　　　　품　×××	(대) 현　　　　　금　×××
경품교환시	(차) 경　품　비　×××	(대) 경　　　　　품　×××
경품부채 추정	(차) 경　품　비　×××	(대) 경　품　충　당　부　채　×××

제8장　자본회계

Thema 01　자본회계 일반

1. 자 본

자본은 기업의 자산에서 모든 부채를 차감한 후의 잔여지분(순자산)을 말한다.
자본의 금액은 별도로 측정되지 않고 자산과 부채 금액의 측정에 따라 그 차액으로 결정된다.

2. 주식 발행

(1) 주식의 발행방법

① 평가발행(액면가 = 발행가)

(차) 당 좌 예 금   ×××   (대) 자 본 금   ×××

② 할증발행(액면가 < 발행가)

(차) 당 좌 예 금   ×××   (대) 자 본 금   ×××
                                   주 식 발 행 초 과 금* ×××

 * 주식발행초과금은 자본잉여금 항목이며, 주식할인발행차금 미상각액이 존재하는 경우 우선 상계한다.

③ 할인발행(액면가 > 발행가)

(차) 당 좌 예 금   ×××   (대) 자 본 금   ×××
    주 식 할 인 발 행 차 금* ×××

 * 주식할인발행차금은 자본조정(-)항목이며, 주식발행초과금과 우선 상계처리하고, 잔액은 이익잉여금의 처분항목으로 한다.

(2) 주식발행비

주식발행시의 제비용은 주식의 발행가액에서 차감한다(할증발행시는 주식발행초과금에서 차감하고 할인발행시는 주식할인발행차금에 가산한다).

3. 주식회사의 자본분류

(1) 자본의 분류

정 의	측 정	거래구분	K-IFRS	일반기업회계기준
자 본	자산 - 부채	자본거래	납입자본	자본금
				자본잉여금
		손익거래	기타자본요소	자본조정
				기타포괄손익누계액
			이익잉여금	이익잉여금

① 자본거래 발생항목

자본거래는 거래상대방이 회사의 현재 주주나 잠재적 주주인 거래를 말한다. 자본거래는 기업의 소유주와의 거래이므로 당기손익에 반영해서는 안되며, 자본잉여금(상법: 자본준비금)은 원칙적으로 현금배당으로 외부로 유출시킬 수 없다.

구 분		계정과목
자본금		보통주자본금, 우선주자본금
자본잉여금		주식발행초과금, 감자차익, 자기주식처분이익
자본조정	(+)	주식선택권, 출자전환채무, 미교부주식배당금
	(−)	자기주식, 주식할인발행차금, 감자차손, 자기주식처분손실

② 손익거래 발생항목

손익거래는 회사의 순자산 변동분 중 주주와의 자본거래를 제외한 나머지 모든 거래를 말하며, 손익거래에서 발생한 순자산의 당기변동액을 포괄손익이라 한다.

구 분		계정과목
기타포괄손익 누계액	(+)	FVOCI 금융자산평가이익, 해외사업장환산이익, 현금흐름위험 회피파생상품평가이익, 재평가잉여금, 재측정이익 등
	(−)	FVOCI 금융자산평가손실, 해외사업장환산손실, 현금흐름위험 회피파생상품평가손실, 재측정손실 등
이익잉여금 (또는 결손금)		법정적립금(이익준비금), 임의적립금, 미처분이익잉여금(또는 미처리결손금)

(2) 자본금

발행주식 수×1주당 액면금액 = 자본금

① 우선주

우선주란 보통주보다 이익배당우선권, 잔여재산분배우선권, 보통주로의 전환권 등이 부여된 주식으로서 일반적으로 의결권이 제한된다. 이익배당우선주에는 누적적 또는 비누적적 우선주와 참가적 또는 비참가적 우선주가 있다.

② 보통주

보통주란 여러 종류의 주식 중 상대적인 의미에서의 표준이 되는 주식을 말한다. 즉, 보통주보다 여러 가지 사항에 대해 유리한 지위에 있는 우선주와 불리한 지위에 있는 후배주가 있을 때 이 양자의 표준이 되는 주식을 보통주라 한다.

③ **전환우선주**

전환우선주는 의결권이 없는 대신 우선주주의 청구에 따라 보통주로 전환할 수 있는 권리가 부여된 우선주를 말한다.

④ **상환우선주**

상환우선주는 의결권이 없는 대신 기업이 일정기간 후에 약정된 가격으로 재매입(상환)할 것을 전제로 발행하는 우선주를 말한다.

(3) 증 자

① **실질적 증자**(유상 증자)

증자를 위하여 신주를 발행하고 주금을 납입받아 실질적으로 순자산이 증가하여 실질적증자라 한다.

(차) 당 좌 예 금	×××	(대) 자 본 금	×××
		주 식 발 행 초 과 금	×××

② **형식적 증자**(무상 증자)

잉여금을 자본금에 전입(대체)하는 것으로 신주를 발행하여 자본금은 증가되지만 잉여금이 자본금으로 명칭이 바뀌는 것에 불과하고 순자산의 증가는 없으므로 형식적 증자라 한다.

(차) 자 본 잉 여 금	×××	(대) 자 본 금	×××
이 익 잉 여 금	×××		

③ **현물출자**

현금출자가 원칙이나 금전 이외의 재산, 즉 동산, 부동산, 채권, 특허권 등을 출자하는 것으로 상법에 의해 발기인에 한하여 현물출자가 허용된다. 현물출자로 취득한 자산은 공정한 평가액을 취득원가로 본다.

현물출자: (차) 유형자산(공정가치)	×××	(대) 자본금	×××
		주식발행초과금	×××

      1. 현물출자자산의 과대계상 ⇨ 혼수자본 발생
      2. 현물출자자산의 과소계상 ⇨ 비밀적립금 발생

(4) 감 자

① 실질적 감자(유상 감자)

사업의 규모를 축소하기 위하여 발행했던 주식을 매입하거나 주금을 환급하여 소각하여 순자산이 실질적으로 감소된다.

> (차) 자　　본　　금　×××　　　　(대) 당　좌　예　금　×××
> 　　　　　　　　　　　　　　　　　　　　감　자　차　익　×××
> 주식의 액면가액을 초과하여 지급할 경우에는 감자차손이 발생하며, 감자차익이 존재하는 경우 우선 상계처리한다.

② 형식적 감자(무상 감자)

결손금을 전보하기 위하여 발행주식을 병합하거나 주식금액의 절삭(액면금액의 감소) 등으로 자본금을 감소시키는 것으로 자산의 감소는 발생하지 않는다.

> (차) 자　　본　　금　×××　　　　(대) 이　월　결　손　금　×××
> 　　　　　　　　　　　　　　　　　　　　감　자　차　익　×××
> 무상감자의 경우 감자대가가 없으므로 감자차손은 발생하지 않는다.

(5) 자본잉여금

주식회사의 자본금은 확정되어 있으므로 순자산이 자본금을 초과하는 경우, 그 초과된 부분을 잉여금이라 한다. 잉여금이 발생한 원인에 따라 자본잉여금과 이익잉여금으로 구분한다.

자본잉여금은 영업활동과 직접적인 관계가 없는 증자 및 감자활동, 기타 자본과 관련된 거래에서 발생한 잉여금을 말하며, 무상증자를 통한 자본금으로의 전입과 이월결손금의 보전을 위해서만 사용될 수 있다.

주식발행초과금	
기타자본잉여금	⊙ 감자차익 ⓒ 자기주식처분이익 ⓒ 주식선택권소멸이익 ⓔ 전환권대가 및 신주인수권대가

(6) 자본조정

자본조정은 당해 항목의 성격으로 보아 자본거래에 해당하나 최종 납입된 자본으로 볼 수 없거나 자본의 가감 성격으로 자본금이나 자본잉여금으로 분류할 수 없는 항목을 말한다.

차감항목	부가항목
자기주식 주식할인발행차금 감자차손 자기주식처분손실	미교부주식배당금 신주청약증거금 주식기준보상(주식선택권 등) 출자전환채무

(7) 자기주식

① 자기주식의 본질

자기주식은 회사가 이미 발행한 주식을 일정한 사유나 특정 목적으로 재취득하여 보유하고 있는 주식을 말한다.

② 자기주식의 취득사유

자기주식은 주주가 납입한 자본을 다시 환급하는 것을 의미하므로 상법상 자본충실의 원칙에 위배되며, 또한 회사가 내부정보를 이용한 시세 조작이나 내부자 거래에 이용되어 투기의 폐해를 조장할 수 있어 원칙적으로 자기주식의 취득은 금지되어 있다. 다만 다음의 경우에는 상법에서도 자기주식의 취득을 인정하고 있다.

㉠ 주식을 소각하기 위한 경우

㉡ 회사를 합병 또는 다른 회사의 영업전부를 양수하는 경우

㉢ 회사의 권리를 실행하기 위한 경우

㉣ 단주의 처리

㉤ 주주가 주식매수청구권을 행사한 때

③ 회계처리

한국채택국제회계기준은 원가법에 근거하여 회계처리를 수행하도록 규정하고 있으며, 취득한 자기주식의 공정가치 변동은 인식하지 않는다.

㉠ 자기주식의 취득

회사가 자기지분상품인 자기주식을 유상으로 취득하는 경우 자기주식을 취득원가로 계상하고, 미발행주식임을 공시하기 위해 자본의 차감항목으로 하여 자본조정항목으로 분류한다.

㉡ 자기주식의 처분

회사가 취득한 자기주식을 외부로 처분하는 경우 처분대가와 처분된 자기주식의 장부가액(취득원가)과의 차이를 자기주식처분이익(자본잉여금) 또는 자기주식처분손실(자본조정)로 처리한다.

© 자기주식의 소각

회사가 취득한 자기주식을 소각시키는 자본거래를 말한다. 이는 결과적으로 자본금을 감소시키는 감자거래가 된다. 소각되는 주식의 자본금을 감소시키고, 자기주식 취득원가와의 차이를 감자차익(자본잉여금) 또는 감자차손(자본조정)으로 처리한다.

[회계처리]

취득시	(차) 자 기 주 식 ×××(원가) (대) 현 금 ×××
처분시	취득원가 < 처분가액 (차) 현 금 ××× (대) 자 기 주 식 ××× 자기주식처분이익 ××× 취득원가 > 처분가액 (차) 현 금 ××× (대) 자 기 주 식 ××× 자기주식처분이익 ××× 자기주식처분손실* ××× * 자기주식처분손실이 발생하면 먼저 자기주식처분이익으로 상계하고 나머지는 이익잉여금의 처분항목으로 처리한다.
소각시	취득원가 < 액면가액 (차) 자 본 금 ××× (대) 자 기 주 식 ××× (액면가) 감 자 차 익 ××× 취득원가 > 액면가액 (차) 자 본 금 ××× (대) 자 기 주 식 ××× 감 자 차 익 ××× 감 자 차 손* ××× * 감자차손은 감자차익에서 우선 상계한 후 이익잉여금의 처분항목으로 처리한다.

(8) 기타포괄손익누계액

총포괄손익 = 당기순손익 ± 기타포괄손익누계액

기타포괄손익누계액은 보고기간 말 현재의 기타포괄손익의 누계액이다. 기타포괄손익은 손익거래에서 발생한 순자산의 변동액 중 미실현손익으로 분류되어 포괄손익계산서에서 당기손익에 반영하지 못하는 항목이다.

① 유형자산과 무형자산의 재평가잉여금의 변동

유형자산과 무형자산에 대하여 재평가모형을 적용하는 경우 당해 자산의 재평가이익은 재평가잉여금의 과목으로 하여 기타포괄손익에 반영한다. 이는 기업의 선택에 따라 해당 자산의 처분시점 또는 사용시점에 실현처리할 수 있다. 이 때 재평가잉여금을 당기손익이 아니라 이익잉여금으로 직접 대체한다.

② **당기손익 - 공정가치 측정 지정한 특정 금융부채의 신용위험 변동손익**

당기손익 - 공정가치 측정을 지정한 금융부채의 신용위험 변동손익은 해당 회계 연도에 기타포괄손익인식 금융자산평가손익의 계정으로 기타포괄손익으로 인식한 다. 이 때 발생하는 기타포괄손익의 누계액은 당기손익으로 재분류하지 않고, 해 당 금융부채의 제거시 이익잉여금으로 직접 대체할 수 있다.

③ **종업원급여 규정에 따라 인식한 확정급여부채(자산)에 대한 재측정손익**

사외적립자산과 확정급여채무에서 발생하는 재측정손익은 해당 회계연도에 재측 정손익의 계정으로 기타포괄손익으로 인식한다. 이 때 발생하는 기타포괄손익의 누계액은 당기손익으로 재분류하지 않고, 이익잉여금으로 직접 대체할 수 있다.

④ **기타포괄손익 - 공정가치 측정 지정한 투자지분상품의 평가손익**

기타포괄손익 - 공정가치 측정을 지정한 투자지분상품의 공정가치변동손익은 해당 회계연도에 기타포괄손익인식 금융자산평가손익의 계정으로 기타포괄손익 으로 인식한다. 이 때 발생하는 기타포괄손익의 누계액은 당기손익으로 재분류하 지 않고, 해당 금융자산의 제거시 이익잉여금으로 직접 대체할 수 있다.

⑤ **기타포괄손익 - 공정가치 측정하는 투자채무상품의 평가손익**

기타포괄손익 - 공정가치 측정하는 투자채무상품의 공정가치변동손익은 해당 회계연도에 기타포괄손익인식 금융자산평가손익의 계정으로 기타포괄손익으로 인식한다. 이 때 발생하는 기타포괄손익의 누계액은 해당 금융자산의 제거나 손 상시에 당기손익으로 재분류한다.

⑥ **해외사업장의 재무제표 환산으로 인한 손익**

화폐성항목이 보고기업이나 해외사업장의 기능통화 이외의 다른 통화로 표시되 는 경우에는 보고기업의 별도재무제표와 해외사업장의 개별재무제표에 외환차이 가 발생한다. 이러한 외환차이는 보고기업과 해외사업장을 포함하는 재무제표에 는 해외사업장환산손익의 계정으로 하여 기타포괄손익으로 인식하고 당해 해외 사업장의 처분시점에 기타포괄손익누계액에서 당기손익으로 재분류한다.

⑦ **현금흐름위험회피 파생상품평가손익**

파생상품에 투자하는 목적 중 하나가 위험회피이며, 위험회피 유형은 보유자산·부채 등에 대한 위험회피와 예상거래의 현금흐름에 대한 위험회피로 구분한다. 이 중 예상거래의 현금흐름위험회피를 목적으로 투자한 파생상품의 평가손익 중 위험회피에 효과적인 부분은 기타포괄손익으로 처리한다. 이는 향후에 미래예상 거래가 발생하는 시점에서 예상거래의 성격에 따라 기타포괄손익누계액을 자 산·부채의 취득원가에 가감하거나 당기손익으로 재분류조정한다.

기타포괄손익누계액	후속처리
토지 등 재평가잉여금 확정급여 재측정손익 기타포괄평가손익(지분증권)	이익잉여금에 직접대체
기타포괄평가손익(채무증권) 해외사업장환산손익 현금흐름위험회피 파생상품평가손익	실현시 당기손익으로 재분류조정

(9) 이익잉여금

① 이익잉여금의 의의

이익잉여금은 회사의 정상적인 영업활동, 유형자산 및 투자자산의 처분 및 기타 일시적인 손익거래에서 발생한 이익을 원천으로 하여 회사 내에 유보되어 있는 잉여금을 의미한다.

② 법정적립금

법정적립금은 자본전입 또는 결손보전의 목적 이외에는 사용이 제한된다. 단, 자본준비금(자본잉여금)과 이익준비금의 합계액이 자본금의 1.5배를 초과하는 경우 주주총회 결의에 따라 초과 금액의 범위 내에서 감액하여 배당 등의 용도에 사용할 수 있다.

현재 우리나라의 법률상으로는 상법의 규정에 따라 강제적으로 적립하는 이익준비금이 유일하다. 상법은 주식회사가 그 자본금의 1/2에 달할 때까지 매결산기에 금전에 의한 이익배당액의 1/10 이상의 금액을 이익준비금으로 적립하도록 규정하고 있다. 기업회계기준은 상법상의 적립한도액(자본금의 1/2)을 초과하는 이익준비금의 적립을 인정하고 있지 않으며, 그 초과금액은 임의적립금으로 간주한다.

③ 임의적립금

임의적립금은 법령이 아닌 회사의 정관, 주주총회의 결의에 따라 회사가 임의로 적립하는 적립금이다.

임의적립금은 법령이 아닌 기업의 자율 또는 계약에 의하여 사용을 제한한 이익잉여금이므로 법정적립금과는 달리 처분가능한 미처분이익잉여금으로 이입(移入)할 수 있다는 점이 특징이다.

④ 미처분이익잉여금(또는 미처리결손금)

전기이월미처분이익잉여금에 당기순이익(당기순손실)을 가산(차감)한 금액을 미처분이익잉여금이라고 한다.

4. 당기순손익의 계상과 처분

(1) 주식회사의 순손익 계상과 대체

① 당기순이익이 발생한 경우

당기순이익이 발생하면 미처분이익잉여금으로 대체하였다가, 사내에 유보 또는 주주에게 배당으로 지급할 것인지를 결정하게 된다.

처분형태	내 용
사외유출	주주배당, 상여
다른 이익잉여금으로 적립	법정적립금 및 임의적립금의 적립을 통한 사내 유보
자본조정과 상계	주식할인발행차금, 감자차손, 자기주식처분손실 잔액 등과 상계

② 당기순손실이 발생한 경우

당기순손실이 발생하면 미처리결손금에 대체한 후, 다른 잉여금과 상계하여 제거할 수도 있고 차기로 이월시킬 수도 있다. 결손금의 처리순서는 상법 규정이 삭제되었다.

(2) 배당회계

① 배당회계처리기준일 및 현금배당

배당기준일	배당기준일이란 배당받을 권리가 있는 주주를 확정짓는 날로서, 일반적으로 결산일을 기준으로 한다.
배당결의일	배당결의일이란 배당의무의 발생일로서, 주주총회의 결의에 의하여 배당의무가 발생한다. 주주총회는 회계연도 종료 후 3개월 이내에 개최되고 배당기준일은 회계연도 말이므로 배당기준일이 배당선언일(주주총회일)보다 앞서게 된다.
배당지급일	배당지급일이란 배당의무의 이행일로서, 이행내역을 거래로 기록하여야 한다.

기업회계기준에서는 배당이 사실상 확정된 날(이사회승인일 또는 이사회승인내용이 주주총회에서 변경된 경우에는 주주총회일)에 배당금을 기록하는 다음과 같은 분개를 하게 된다.

배당금 결의일	(차) 미처분이익잉여금 ×××　　(대) 미지급배당금 ×××
배당금 지급일	(차) 미지급배당금 ×××　　(대) 현　　　금 ×××

한편, 상법은 기업이 매결산기마다 1회 주주총회의 결의로서 배당하는 것을 원칙으로 하고 있으나 영업연도 중 1회에 한하여 중간배당을 인정하고 있다. 중간배당은 전기이월이익잉여금의 차감항목으로 이익잉여금처분계산서에 보고된다.

② **주식배당**

㉠ **의 의**

주식배당이란 기업이 자금이 부족한 경우 배당가능한 미처분이익잉여금을 자본화할 목적으로 수권주식수의 범위 내에서 현금대신 주식으로 배당하는 것을 말한다.

㉡ **주식배당의 회계처리**

기업회계기준에서는 주식배당을 실시하는 회사의 회계처리에 대하여 명문규정은 없으나, 상법상 액면가액법에 의하도록 규정하고 있으며 증권거래법에서는 상장회사의 경우에 시가법 적용도 가능하도록 하고 있다.

배당금 결의일	(차) 미처분이익잉여금 ×××	(대) 미교부주식배당금 ×××
배당금 지급일	(차) 미교부주식배당금 ×××	(대) 자 본 금 ×××

③ **현물배당**

현물배당이란 회사가 창출한 이익을 대상으로 현물자산(비현금자산)을 지급하는 자본거래를 말한다. 현물배당은 중간배당으로 실시할 수도 있고, 정기배당(결산배당, 연차배당)으로 실시할 수 있다. 이 때 배당금액은 배당결의일 현물자산의 공정가치를 기준으로 결정한다.

배당금 결의일	(차) 미처분이익잉여금 ×××	(대) 미지급현물배당 ×××
배당금 지급일	(차) 미지급현물배당 ×××	(대) 현물자산 ×××

④ **주식배당, 무상증자, 주식분할, 주식병합의 비교**

주식배당과 유사한 성격을 갖는 것으로서 무상증자와 주식분할이 있다.

주식배당과 무상증자는 발행주식수를 증가시키지만 실질적인 주주의 지분에는 영향을 미치지 않는다는 점은 동일하다. 그러나 주식배당의 재원은 이월이익잉여금이고 무상증자의 재원은 법정적립금(자본잉여금 및 이익준비금, 기타법정적립금)이라는 점이 다르다.

투자자가 주식배당과 무상증자로 취득한 주식은 자산의 증가 또는 이익으로 처리하지 않고 1주당 단가만 하향조정한다.

주식분할은 이미 발행된 주식의 액면가액을 분할하여 발행주식을 여러 개의 주식으로 나누어 재발행하는 것이다. 주식수의 증가라는 면에서 주식배당이나 무상증자와 유사하지만, 주식분할은 발행주식수가 증가하는 대신 액면가액이 낮아지므로 자본금계정의 금액이 변동하지 않는다.

주식병합이란 여러 개의 주식을 하나의 주식으로 병합하는 것을 말하며 주당액면 가액이 증가하지만 자본금계정의 금액은 변동하지 않는다. 따라서 주식분할과 주식병합은 주주지분(자본금, 자본잉여금, 이익잉여금, 자본조정)에 영향이 없으며 분개도 필요 없다.

⊞ **주식배당, 무상증자, 주식분할, 주식병합의 비교**

구 분	주식배당	무상증자	주식분할	주식병합
자본(순자산)	불변	불변	불변	불변
자본금	증가	증가	불변	불변
자본잉여금	불변*	감소가능	불변	불변
이익잉여금	감소	감소가능	불변	불변
주식 액면가액	불변	불변	감소	증가
발행주식수	증가	증가	증가	감소
주주의 이익(기준)	이익이 아님	이익이 아님	이익이 아님	이익이 아님

* 시가배당의 경우에는 증가

Thema 02 \ 주당이익

1. 주당이익의 의의

주당이익(earning per share, EPS)은 기업의 당기순이익을 유통주식수(보통주)로 나눈 금액으로서 기업의 수익력을 나타내는 지수이다.

(1) 주당이익의 유용성

① 주당이익은 투자단위당 수익력을 나타내므로 기업의 경영성과를 기간별 또는 기업 간에 비교하는데 유용한 정보를 제공한다.

② 특정기업의 배당성향($\frac{보통주\ 배당금}{보통주\ 당기순이익}$)에 대한 정보를 제공한다.

③ 특정기업의 주가수익률(PER, $\frac{기업의\ 주식시가}{주당이익}$)계산의 자료를 제공하므로 주가 수준을 판단할 수 있다.

(2) 주당이익의 한계

① 주당이익은 과거 경영성과의 수치이므로 미래 수익력을 나타내지 못한다.

② 주당이익은 기업의 특성이나 위험 등을 나타내지 못한다.

③ 주당이익은 자본구조의 변화를 나타내지 못한다.

2. 주당이익의 계산과 표시방법

(1) 주당이익의 계산

$$주당이익 = \frac{보통주에\ 귀속되는\ 당기순이익}{보통주식수}$$

분자인 보통주에 귀속되는 이익은 보통주 당기순이익을 기준으로 산정한다. 또한 분모인 보통주식수는 이미 발행되어 유통되고 있는 보통주식을 기준으로 산정할 수도 있고, 보통주로 전환될 가능성이 있는 잠재적보통주까지 고려하여 산정할 수도 있다. 유통되고 있는 보통주를 기준으로 산정한 주당이익을 기본주당이익이라 하고, 잠재적보통주까지 고려하여 산정한 주당이익을 희석주당이익이라 한다.

(2) 주당이익의 재무제표 표시방법

기본주당이익과 희석주당이익을 당기순이익에 대하여 계산하여 포괄손익계산서에 표시한다.

3. 기본주당이익

기본주당이익 정보의 목적은 특정 회계기간의 경영성과에 대한 보통주 1주당 지분의 측정치를 제공하는 것이다.

$$기본주당이익 = \frac{당기순이익 - 우선주배당금}{총유통주식수 - 우선주식수}$$

(1) 유통보통주식수(분모)

분자의 당기순이익이 기간(flow)개념이므로 분모의 주식수도 기간개념이 되어야 한다. 따라서 보통주식수를 유통기간으로 가중평균하여 보통주식수를 산정한다. 우선주는 보통주가 아니므로 유통보통주식수에 포함하지 않으며, 자기주식은 유통주식이 아니므로 취득일부터 매각시점까지 유통보통주식수를 산정할 때 포함하지 아니한다.

구 분	내 용
① 우선주	당해 결산기말 현재 발행 총주식수에서 우선주식수를 차감한다.
② 자기주식(보통주)	취득시점부터 매각시점까지의 기간동안 포함하지 않는다.
③ 유상증자	당해 주식의 납입일을 기준으로 기간경과에 따라 가중평균하여 조정한다.
④ 무상증자, 주식배당, 주식분할, 주식병합	기초에 발행한 것으로 간주한다. 단, 기중의 유상증자로 발행된 신주에 대한 무상증자, 주식배당은 당해 유상신주의 납입일에 실시된 것으로 간주하여 발행 보통주식수를 조정한다.
⑤ 전환우선주, 전환사채의 전환	당기중에 전환우선주 또는 전환사채가 보통주로 전환된 경우에는 발행조건상의 전환시점에 전환된 것으로 간주한다. 단, 당기중에 발행된 전환우선주 또는 전환사채를 전환된 것으로 간주하는 경우에는 그 실제발행일을 기준으로 기간경과에 따라 가중평균하여 조정한다.

(2) **보통주에 귀속되는 당기순이익**(분자)

보통주에 귀속되는 당기순이익은 아래와 같이 계산한다.

보통주 당기순이익 = 당기순이익 - 우선주배당금

제9장 수익과 비용회계

Thema 01 수 익

1. 수익인식

(1) 수익의 의의

수익(income)을 자산의 유입 또는 가치 증가나 부채의 감소 형태로 자본의 증가를 가져오는, 특정 회계기간에 생긴 경제적 효익의 증가로서, 지분참여자의 출연과 관련된 것을 제외하는 것으로 정의하고 있다.

(2) 수익인식의 5단계

고객과의 계약에서 생기는 수익은 다음 단계를 거쳐서 인식한다.

🔖 **고객**

이 기준서는 계약 상대방이 고객인 경우에만 그 계약에 적용한다. 고객이란 기업의 통상적인 활동의 산출물인 재화나 용역을 대가와 교환하여 획득하기로 그 기업과 계약한 당사자를 말한다. 다음의 경우 계약상대방은 고객이 아니다.

① 고객이나 잠재적 고객에게 판매를 쉽게 하기 위해 행하는 같은 사업 영역에 있는 기업 사이의 비화폐성 교환(예 두 정유사 간의 유류 교환)

② 계약상대방이 기업의 통상적인 활동의 산출물을 취득하기 위해서가 아니라 어떤 활동이나 과정(예 협업약정에 따른 자산 개발)에 참여하기 위해 기업과 계약하였고, 그 계약 당사자들이 그 활동이나 과정에서 생기는 위험과 효익을 공유

📑 고객과의 계약에서 생기는 수익 인식과정

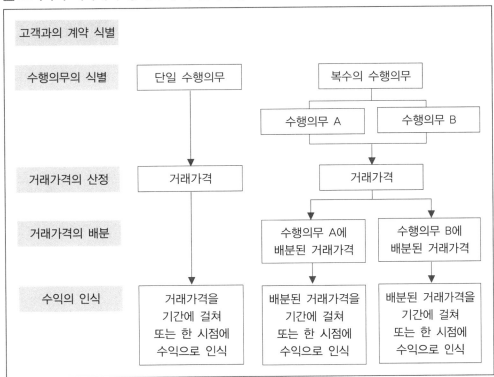

단계별	구 분	단계별 내용
1단계	계약의 식별	고객과의 계약여부를 확인한다.
2단계	수행의무의 식별	고객에게 수행의무를 확인한다.
3단계	거래가격의 산정	고객으로부터 받을 대가를 측정한다.
4단계	거래가격의 배분	거래가격을 수행의무별로 배분한다.
5단계	수익의 인식	수행의무를 이행(재화나 용역 이전)하고 수익을 인식한다.

(3) **수익인식 1단계**: 계약의 식별

계약은 둘 이상의 당사자들 사이에 집행 가능한 권리와 의무가 생기게 하는 합의를 말한다. 다음 기준을 모두 충족하는 때에만 고객과의 계약으로 회계처리한다.

> ① 계약 당사자들이 계약을 서면으로 구두로, 그 밖의 사업 관행에 따라 승인하고 각자의 의무를 수행하기로 확약한다.
> ② 이전할 재화나 용역과 관련된 각 당사자들의 권리를 식별할 수 있다.
> ③ 이전할 재화나 용역의 지급조건을 식별할 수 있다.
> ④ 계약에 상업적 실질이 있다.
> ⑤ 고객에게 이전할 재화나 용역에 대하여 받을 권리를 갖게 될 대가의 회수가능성이 높다.

고객과의 계약 개시시점에 위의 식별가능성 기준을 충족하지 못하지만, 고객에게서 대가를 미리 받은 경우에는 이를 부채(선수금 또는 환불부채)로 인식한다. 이는 후속적으로 식별가능성 기준을 충족하는 경우 수익을 인식할 수 있다.

한편, 추가적인 수행의무가 없으며 환불의무도 부담하지 않게 된 다음의 두 가지 사건 중 하나가 일어난 경우에도 수익으로 인식할 수 있다.

> ① 고객에게 재화나 용역을 이전해야 하는 의무가 남아있지 않고, 고객이 약속한 대가를 모두(또는 대부분) 받았으며 그 대가는 환불되지 않는다.
> ② 계약이 종료되었고 고객에게서 받은 대가는 환불되지 않는다.

(4) **수익인식 2단계**: 수행의무를 식별

수행의무란 고객과의 계약에서 재화나 용역을 고객에게 이전하기로 한 약속을 의미하는데, 계약 개시시점에 고객과의 계약에서 약속한 재화나 용역을 검토하여 고객에게 다음 중 어느 하나를 이전하기로 한 각 약속을 하나의 수행의무로 식별한다.

> ① 구별되는 재화나 용역 또는 재화나 용역의 묶음
> ② 실질적으로 서로 같고 고객에게 이전하는 방식도 같은 일련의 구별되는 재화나 용역

구 분	수행의무 여부
계약상 기재된 재화나 용역의 이전의무	수행의무에 포함
계약상 기재되지 않은 재화나 용역의 이전의무	고객이 정당한 기대를 하는 경우 수행의무로 포함
계약을 준비하기 위해 필요한 관리업무	수행의무에 포함되지 않음

(5) 수익인식 3단계: 거래가격을 산정

거래가격이란 고객에게 약속한 재화나 용역을 이전하고 그 대가로 기업이 받을 권리를 갖게 될 것으로 예상하는 금액이며, 제3자를 대신하여 회수한 금액(⑩ 부가가치세)을 제외한다. 고객과의 계약에서 약속한 대가는 고정금액, 변동금액 또는 둘 다를 포함할 수 있다.

고객이 약속한 대가의 특성, 시기, 금액은 거래가격의 추정치에 영향을 미친다. 거래가격을 산정할 때에는 다음 사항이 미치는 영향을 모두 고려한다.

> ① 변동대가
> ② 변동대가 추정치의 제약
> ③ 계약에 있는 유의적인 금융요소
> ④ 비현금 대가
> ⑤ 고객에게 지급할 대가

구 분	내 용
변동대가	재화나 용역을 이전한 이후에 할인, 리베이트, 환불, 공제, 가격할인, 장려금, 성과보너스, 위약금 등과 같은 항목 때문에 변동될 수 있다.
반품권 (환불부채)	고객에게서 받은 대가의 일부나 전부를 고객에게 환불할 것으로 예상되는 경우에는 환불부채를 인식한다.
유의적인 금융요소	거래가격은 화폐의 시간가치가 미치는 영향을 반영하여 약속한 대가를 조정한다. 계약 개시 후에는 이자율 등이 달라지더라도 할인율을 새로 수정하지 않고, 기간이 1년 이내일 경우에는 조정하지 않을 수도 있다.
비현금대가	고객이 현금 외의 형태(주식 등)로 대가를 약속한 계약의 경우에 거래가격을 산정하기 위하여 제공받은 비현금대가를 공정가치로 측정한다.
고객에게 지급할 대가	고객에게 현금 등의 대가를 별도로 지급하거나 지급이 예상되는 금액을 거래가격인 수익에서 차감한다.

▣ 합격예제

A기업은 재고자산(원가 ₩300,000)을 판매하기로 고객과 계약을 체결하였다. 자산에 대한 통제는 2년 경과 후에 고객에게 이전될 것이며, 수행의무는 한 시점에 이행될 것이다. 계약에 따르면 A 기업은 20×1년 초에 ₩400,000을 수령하고 20×2년 말에 재화를 이전한다. 해당 거래에 적용된 내재이자율은 연 6%이다.

해답

(1) 일자별 회계처리

20×1. 1. 1	(차) 현금	₩400,000	(대) 선수금(계약부채)	₩400,000
20×1.12.31	(차) 이자비용	₩24,000*	(대) 선수금	₩24,000
	* 이자비용 : ₩400,000 × 6% = ₩24,000			
20×2.12.31	(차) 이자비용	₩25,440*	(대) 선수금	₩25,440
	(차) 선수금	₩449,440	(대) 매출	₩449,440
	매출원가	₩300,000	재고자산	₩300,000
	* 이자비용 : ₩424,000 × 6% = ₩25,440			

(2) 20×2년 매출총이익

매출액 ₩449,440(400,000 × 1.06^2) − 매출원가 ₩300,000 = ₩149,440

(6) 수익인식 4단계 : 거래가격을 계약 내 수행의무에 배분

거래가격을 배분하는 목적은 기업이 고객에게 약속한 재화나 용역을 이전하고 그 대가로 받을 권리를 갖게 될 금액을 나타내는 금액으로 각 수행의무(또는 구별되는 재화나 용역)에 거래가격을 배분하는 것이다.

거래가격 배분의 목적에 맞게, 거래가격은 상대적 개별 판매가격을 기준으로 계약에서 식별된 각 수행의무에 배분한다.

① 개별 판매가격에 기초한 배분	② 할인액의 배분
③ 변동대가의 배분	④ 거래가격의 변동

구 분	내 용
개별 판매가격에 기초한 배분	계약 개시시점에 계약상 각 수행의무의 대상인 구별되는 재화나 용역의 개별 판매가격을 산정하고 이 개별 판매가격에 비례하여 거래가격을 배분한다.
할인액의 배분	할인액을 계약상 모든 수행의무에 비례하여(일부 수행의무에만 관련된 경우에는 일부 수행의무에만) 배분한다.
변동대가 배분	변동금액(과 후속 변동액)을 전부 하나의 수행의무에 배분하거나 단일 수행의무의 일부를 구성하는 구별되는 재화나 용역에 배분한다.
거래가격의 변동	계약의 변경으로 인해 거래가격이 변동된 경우 계약범위가 확장되고 가격상승이 적절하다면 계약변경은 별도 계약으로 회계처리한다.

(7) **수익인식 5단계**: 수익을 인식

고객에게 약속한 재화나 용역, 즉 자산을 이전하여 수행의무를 이행할 때(또는 기간에 걸쳐 이행하는 대로) 수익을 인식한다. 자산은 고객이 그 자산을 통제할 때(또는 기간에 걸쳐 통제하게 되는 대로) 이전된다.

식별한 각 수행의무를 기간에 걸쳐 이행하는지 또는 한 시점에 이행하는지를 계약개시시점에 판단한다.

① **기간에 걸쳐 이행하는 수행의무**: 진행기준

다음 기준 중 어느 하나를 충족하면, 기업은 재화나 용역에 대한 통제를 기간에 걸쳐 이전하므로, 기간에 걸쳐 수행의무를 이행하는 것이고 기간에 걸쳐 수익을 인식한다.

> ㉠ 고객은 기업이 수행하는 대로 기업의 수행에서 제공하는 효익을 동시에 얻고 소비한다.
> ㉡ 기업이 수행하여 만들어지거나 가치가 높아지는 대로 고객이 통제하는 자산(예 재공품)을 기업이 만들거나 그 자산 가치를 높인다.
> ㉢ 기업이 수행하여 만든 자산이 기업 자체에는 대체 용도가 없고, 지금까지 수행을 완료한 부분에 대해 집행 가능한 지급청구권이 기업에 있다.

기간에 걸쳐 수익을 인식할 경우 투입법 혹은 산출법에 따라 진행률을 측정한다.

② **한 시점에 이행하는 수행의무**: 인도기준

> ㉠ 기업은 자산에 대해 현재 지급청구권이 있다.
> ㉡ 고객에게 자산의 법적 소유권이 있다.
> ㉢ 기업이 자산의 물리적 점유를 이전하였다.
> ㉣ 자산의 소유에 따른 유의적인 위험과 보상이 고객에게 있다.
> ㉤ 고객이 자산을 인수하였다.

한 시점에 이행하는 수행의무는 고객이 자산을 통제하고 기업이 의무를 이행하는 시점에 수익을 인식한다.

(8) **계약관련 자산과 부채의 재무상태표 표시**

기업은 수행의무를 이행하면서 거래가격을 계약에 따른 수익으로 인식하며, 이를 포괄손익계산서에 당기손익으로 인식한다. 수익의 인식과 관련하여 계약 당사자 중 어느 한 편이 계약을 수행했을 때, 기업의 수행 정도와 고객의 지급과의 관계에 따라 그 계약을 계약자산이나 계약부채로 재무상태표에 표시한다. 특히 계약자산 중 대가를 받을 무조건적인 권리를 갖게 된 금액은 수취채권으로 별도 표시한다.

2. 거래 형태별 수익의 인식

(1) 할부판매

할부판매는 재화를 고객에게 인도한 후 판매대금은 장기간에 걸쳐 회수하는 형태의 판매를 말한다. 할부판매는 이자수익에 해당하는 부분을 제외한 판매가격에 해당하는 수익을 판매시점에 인식한다.

판매가격은 대가의 현재가치로서 수취할 할부금액을 내재이자율로 할인한 금액을 말한다.

할부판매로 발생하는 채권의 명목가액과 현재가치의 차액은 '현재가치할인차금'의 과목으로 하여 당해 채권의 차감계정으로 표시한다. 현재가치할인차금은 채권의 회수기간에 걸쳐 유효이자율법으로 상각하고, 동 상각액은 이자수익으로 인식한다.

재화의 인도	(차) 장기성매출채권 ×××	(대) 매　　　출 ×××
		현재가치할인차금 ×××
할부금 회수	(차) 현　　　금 ×××	(대) 장기성매출채권 ×××
	현재가치할인차금 ×××	이　자　수　익 ×××

| 할부매출 | 매출총이익 = 매출액(현재가치)* − 매출원가 |
| | 당기수익 = 할부매출액의 현재가치 + 현재가치할인차금 상각액* |

* 매출액 현재가치 = 매회 할부금 × 연금현가계수
* 현재가치할인차금 상각액 = (장기성매출채권−현재가치할인차금) × 유효이자율

(2) 위탁판매

위탁판매는 위탁자가 수탁자에게 상품의 판매를 위탁하고 그 대가로 수탁자에게 수수료를 지급하는 형태의 판매를 말한다. 위탁자는 상품을 수탁자에게 발송하고 '적송품' 계정에 대체하여 관리한다. 적송품을 수탁자에게 발송할 때 발생하는 적송운임은 적송품을 판매가능한 상태로 만들기 위하여 발생한 지출이므로 적송품의 취득원가로 처리한다.

위탁자는 수탁자가 당해 상품을 제3자에게 판매한 시점에 수익을 인식한다.

재화의 인도	(차) 적송품 ×××	(대) 매입(상품) ×××
		현금 ×××
수탁자의 판매	(차) 판매수수료 ×××	(대) 매출 ×××
	현금 ×××	
	매출원가 ×××	적송품 ×××

(3) 시용판매

시용판매는 상품을 고객에게 일정기간 사용하게 한 후 구입여부를 결정하게 하는 형태의 판매를 말한다. 시용판매를 위하여 발송한 재화를 '시송품'이라고 한다.

시용판매에서는 고객의 매입의사표시가 수익창출과정에서 가장 중요한 사건이므로 고객이 매입의사를 표시한 시점에 수익을 인식한다. 고객의 매입의사표시가 없는 시송품에 대해서는 원가를 계산하여 기말재고자산에 포함한다.

재화의 인도	(차) 시송품	×××	(대) 매입(상품)	×××
			현금(운임)	×××
매입의사표시	(차) 매출채권	×××	(대) 매출	×××
	매출원가	×××	시송품	×××

(4) 상품권

① 상품권 발행 시

상품권은 추후에 상품을 인도하기로 하고 발행하는 유가증권을 말한다. 상품권 발행회사는 상품권의 액면금액을 '선수금'의 과목으로 하여 계약부채로 인식하고, 향후 지정된 재화나 용역을 고객에게 이전하고 상품권을 회수하는 시점에서 수익을 인식한다.

할인발행한 경우에는 수령한 현금과의 차액을 '상품권할인액'의 과목으로 처리한다. 상품권할인액은 선수금의 차감계정으로 재무상태표에 공시한다.

| (차) 현 금 | ××× | (대) 선 수 금 | ××× |
| 상 품 권 할 인 액 | ××× | | |

② 상품권 회수 시(고객이 행사한 권리)

고객이 상품권을 제시하는 경우 상품권 발행회사는 재화를 고객에게 인도하는 시점에 수익으로 인식하고, 상품권 할인액은 '매출에누리'로 처리하여 수익에서 차감한다. 재화의 판매가격과 상품권 액면금액의 차액은 추가로 현금으로 지급하거나 지급받게 된다.

| (차) 선 수 금 | ××× | (대) 매 출 | ××× |
| 매 출 에 누 리 | ××× | 상 품 권 할 인 액 | ××× |

③ **상품권 유효기간 경과 시**(고객이 행사하지 않은 권리)

상품권 유효기간이 경과된 경우에는 유효기간이 경과한 시점에서 상품권에 명시된 비율에 따라, 상법상의 소멸시효가 완성된 경우에는 남은 잔액을 각각 잡이익 등의 과목으로 하여 당기손익으로 인식한다. 상품권할인액은 잡이익 등의 금액에서 차감한다.

(차) 선　수　금	×××	(대) 상 품 권 할 인 액	×××
		현　　　금	×××
		잡　이　익	×××

(5) 반품권이 있는 판매

일부 계약에서는 기업이 고객에게 제품에 대한 통제를 이전하고, 다양한 이유로 제품을 반품할 권리와 함께 ① 금액환불, ② 채무공제, ③ 제품교환 등을 조합하여 받을 권리를 고객에게 부여한다.

구 분			회계처리
반품가능성의 예측이 가능	판매예상 부분	판매가	매출로 인식
		원 가	매출원가로 인식
	반품예상 부분	판매가	환불부채를 인식
		원 가	반환제품회수권으로 인식
반품가능성의 예측이 불가능		판매가	환불부채를 인식
		원 가	반환제품회수권으로 인식

(6) 기 타

부동산판매	부동산의 판매수익은 법적 소유권이 구매자에게 이전되는 시점에 인식한다. 그러나 법적 소유권이 이전되기 전이라도 소유에 따른 위험과 효익이 구매자에게 실질적으로 이전되는 경우, 즉 ① 잔금청산일, ② 소유권이전등기일, ③ 매입자의 사용가능일 중 가장 빠른 날에 인식한다.
판매대리	기업이 재화의 소유에 따른 위험과 효익을 가지지 않고 타인의 대리인 역할만 수행하여 재화를 판매하는 경우에는 판매가액 총액을 수익으로 계상할 수 없으며, 판매수수료만을 수익으로 인식해야 한다. (예 임대업, 수출대행 종합상사, 인터넷상 중개판매 또는 경매)
정기간행물의 구독	구독기간에 걸쳐 정액법으로 인식한다. 단, 판매하는 품목의 가액이 기간별로 다른 경우에는 발송된 품목의 판매가액이 구독신청을 받은 모든 품목의 예상 총판매가액에서 차지하는 비율에 따라 인식한다.

설치 및 검사조건부	고객이 재화의 인도를 수락하고 설치와 검사를 완료한 시점에 고객이 자산을 통제하는 경우의 수익인식 기준이다. ① 재화나 용역이 합의한 규격에 따른 것인지를 객관적으로 판단할 수 있는 경우에는 고객의 인수수락여부와 상관없이 수익으로 인식한다. ② 재화나 용역이 합의한 규격에 따른 것인지를 객관적으로 판단할 수 없는 경우에는 고객인 인수수락을 한 시점에 수익으로 인식한다.
광고수익	① 방송사 등의 광고수익 : 해당 광고를 대중에게 전달하는 시점에 수익으로 인식 ② 광고제작사 등의 광고제작용역수익 : 진행기준에 따라 수익으로 인식
예술공연 등 입장료 수익	예술공연 등의 행사에서 발생하는 입장료 수익은 행사가 개최되는 시점에 인식한다. 하나의 입장권으로 여러 행사에 참가할 수 있는 경우의 입장료 수익은 각각의 행사를 위해 수행된 용역의 정도에 따라 각 행사에 배분하여 인식한다.
수강료	수강료는 강의기간 동안 발생기준에 따라 수익으로 인식
입회비 또는 연회비	입회비나 연회비 등의 수익은 제공하는 용역의 성격에 따라 인식
주문개발하는 소프트웨어의 대가	주문개발하는 소프트웨어의 대가로 수취하는 수수료는 진행기준에 따라 수익을 인식
환불되지 않는 선수수수료	선수수수료는 미래 재화나 용역에 대한 선수금이므로 그 미래 재화나 용역을 제공할 때 수익으로 인식한다. 예 헬스클럽 회원계약 가입수수료, 통신계약 가입수수료, 일부 용역계약 준비수수료, 일부 공급가액 개시수수료 등
이자수익	이자수익은 원칙적으로 유효이자율을 적용하여 발생기준에 따라 인식한다.
배당금수익	배당금수익은 배당금을 받을 권리와 금액이 확정되는 시점에 인식한다.
로열티수익	로열티수익은 관련된 계약의 경제적 실질을 반영하여 발생기준에 따라 인식한다.

Thema 02 \ 건설계약

1. 건설계약의 의의

건설계약이란 단일 자산의 건설이나 설계, 기술 및 기능 또는 그 최종 목적이나 용도에 있어서 밀접하게 상호연관되거나 상호의존적인 복수 자산의 건설을 위해 구체적으로 협의를 말한다. 건설계약은 교량, 건물, 댐, 파이프라인, 도로, 선박 또는 터널과 같은 단일 자산을 건설하기 위하여 체결할 수 있다.

2. 계약수익과 계약원가

(1) 계약수익

① 최초에 합의한 계약금액
② 공사변경, 보상금 및 장려금에 따라 추가되는 금액으로서 수익으로 귀결될 가능성이 높고, 신뢰성 있게 측정할 수 있는 금액

(2) 계약원가

계약원가는 계약체결 증분원가와 계약이행원가로 구분한다.

① **계약체결 증분원가**

계약체결 증분원가는 회수될 것으로 예상된다면 이를 자산으로 인식한다. 하지만 자산으로 인식하더라도 상각기간이 1년 이하라면 그 계약체결 증분원가는 발생시점에 비용으로 인식하는 실무적 간편법을 사용할 수 있다.

한편, 계약 체결 여부와 무관하게 발생하는 원가(업무관리비용, 판매수수료 등)는 계약체결 증분원가가 아니다. 이러한 원가는 계약 체결 여부와 관계없이 고객에게 그 원가를 명백히 청구할 수 있는 경우가 아니라면 발생시점에 비용으로 인식한다.

② **계약이행원가**

계약이행원가는 다른 기업회계기준서의 적용범위(재고자산, 유형자산, 무형자산)에 포함되지 않는다면, 그 원가는 다음 기준을 모두 충족해야만 미성공사의 계정으로 자산으로 인식한다.

> 1. 직접관련원가
>   원가가 계약이나 구체적으로 식별할 수 있는 예상 계약에 직접 관련된다.
>   ① 직접재료원가와 직접노무원가
>   ② 계약이나 계약활동에 직접 관련되는 원가 배분액(☞ 계약의 관리·감독 원가, 보험료, 계약의 이행에 사용된 기기·장비·사용권자산의 감가상각비)
>   ③ 계약에 따라 고객에게 명백히 청구할 수 있는 원가

④ 기업이 계약을 체결하였기 때문에 드는 그 밖의 원가(**예** 하도급자에게 지급하는 금액)

2. 미래효익의 존재

원가가 미래 수행의무를 이행(또는 계속 이행)할 때 사용할 기업의 자원을 창출하거나 가치를 높인다.

3. 회수가능

원가는 회수될 것으로 예상된다.

그러나 다음의 원가는 발생시점에 비용으로 인식한다.

1. 일반관리원가
2. 계약을 이행하는 과정에서 낭비된 재료원가, 노무원가, 그 밖의 자원의 원가로서 계약가격에 반영되지 않는 원가
3. 이미 이행한 계약상 수행의무와 관련된 원가
4. 이행하지 않은 수행의무와 관련된 원가인지, 이미 이행한 수행의무와 관련된 원가인지 구별할 수 없는 원가

(3) 진행률

계약의 진행률은 다양한 방식으로 결정될 수 있다. 건설사업자는 수행한 공사를 신뢰성 있게 측정하는 방법을 사용한다. 계약의 성격에 따라 다음과 같은 방법 등으로 측정할 수 있다.

① 수행한 공사에 대하여 발생한 누적계약원가를 추정총계약원가로 나눈 비율
② 수행한 공사의 측량
③ 계약 공사의 물리적 완성비율

누적발생계약원가 기준에 의한 진행률은 다음과 같이 산정한다.

- 누적 진행률 $= \dfrac{\text{누적발생원가}}{\text{추정 총계약원가}} = \dfrac{\text{전기누적발생원가 + 당기발생원가}}{\text{전기누적발생원가 + 추가예정원가}}$

- 당기 계약수익 = 누적계약수익 − 전기까지 인식한 누적계약수익
  = (총계약금액 × 누적진행률) − 전기까지 인식한 누적계약수익

- 당기 계약원가 = 누적발생계약원가 − 전기까지 인식한 누적발생계약원가
  = 추정총계약원가 × 누적진행률 − 전기까지 인식한 계약원가

- 당기 계약손익 = 당기 계약수익 − 당기 계약원가

⊕ 총계약손실이 예상되는 경우의 당기 계약손실 계산

당기 계약손실 = 총계약손실예상액* + 전기까지 인식한 계약이익

＊총계약손실예상액 = 총계약원가 − 총계약금액

⑷ 회계처리

원가발생시:	(차) 미 성 공 사	×××	(대) 현 금	×××		
대금청구시:	(차) 공 사 미 수 금	×××	(대) 진 행 청 구 액	×××		
대금회수시:	(차) 현 금	×××	(대) 공 사 미 수 금	×××		
기말결산시:	(차) 계 약 원 가	×××	(대) 계 약 수 익	×××		
	미 성 공 사	×××				
⋮						
공사완공시:	(차) 진 행 청 구 액	×××	(대) 미 성 공 사	×××		

⑸ 건설계약의 재무제표 공시

건설계약과 관련하여 재무상태표에는 미성공사에서 진행청구액의 계정이 차감하는 형식으로 공시되며 공사미수금 계정도 공시된다. 또한 포괄손익계산서에는 계약수익과 계약원가가 총액으로 공시되며 진행기준에 의한 공사계약의 성과를 보고하게 된다.

> ① 미성공사 > 진행청구액 = 미청구공사 총액(유동자산) > 0
> ② 미성공사 < 진행청구액 = 초과청구공사 총액(유동부채) < 0
>   * 미성공사 = 누적발생 계약원가 + 누적계약이익 인식액
>   = 누적수익 인식액(= 누적계약수익)

3. 계약손실이 예상되는 경우

전체 계약에서 손실이 예상될 때 즉, 계약상 의무의 이행에 필요한 회피 불가능한 원가가 그 계약에서 받을 것으로 예상되는 경제적 효익을 초과하는 경우에는 향후에 예상되는 손실을 즉시 당기비용으로 인식하여야 한다.

> 당기 계약손실 = 총계약손실예상액* + 전기까지 인식한 계약이익
>   * 총계약손실예상액 = 총계약원가 − 총계약금액

4. 진행률을 합리적으로 측정할 수 없는 경우

진행률을 합리적으로 측정할 수 없는 경우에는 발생한 계약원가의 범위 내에서 회수가능성이 높은 금액만을 수익으로 인식하고, 계약원가는 발생한 기간의 비용으로 인식한다.

Thema 03 \ 비용인식

1. 비용의 정의

개념체계는 비용을 "자산의 유출이나 소멸 또는 부채의 증가에 따라 자본의 감소를 초래하는 특정 회계기간 동안에 발생한 경제적 효익의 감소로서, 지분참여자에 대한 분배와 관련된 것은 제외한다"라고 정의한다.

2. 비용의 인식(수익·비용의 대응원칙)

대응의 원칙이란 수익이 인식된 회계연도에 관련되는 비용을 대응하여 인식하는 방법을 말한다.

비용은 수익창출을 위하여 사용·소비된 자원이므로 관련수익이 인식되는 회계연도에 대응시켜서 비용처리하는 방법을 말한다.

① **직접적 대응**(인과관계적 대응, 개별적 대응)

수익을 얻기 위해 희생된 직접적인 인과관계가 있는 비용을 수익에 대응시키는 것으로 수익과 비용의 관련정도가 개별적으로 명확하게 식별이 되는 비용을 말한다(매출원가, 판매관련 직접비용).

② **간접적 대응**(기간 대응)

수익·비용의 직접적 대응이 명확하지 않은 경우에는 재화나 용역이 그 경제적 효익을 실현시키기 위하여 소비된 기간에 합리적·체계적으로 배분하여 인식한다(감가상각비, 보험료 등).

③ **즉시 인식**

미래의 경제적 효익의 실현가능성이 불확실하거나, 합리적인 배분이 불필요하다고 판단되는 경우에는 그것이 발생 즉시 당기비용으로 인식한다.

⊞ **비용의 구체적인 인식방법**

직접 대응	매출원가, 판매운임, 판매수수료, 판매보증비용 등
체계적이고 합리적인 배분	감가상각비, 무형자산의 상각비, 보험료 등
즉시 인식	급여, 광고선전비, 이자비용 등 대부분의 비용

Thema 04 종업원급여

1. 종업원급여의 정의

종업원급여란 종업원이 제공한 근무용역과 교환하여 기업이 제공하는 모든 종류의 대가를 말한다. 종업원급여에는 단기종업원급여, 기타장기종업원급여, 해고급여 및 퇴직급여 등으로 구분할 수 있다.

⊞ **종업원급여의 분류**

유 형	종 류
단기종업원급여	임금, 사회보장분담금, 유급연차휴가와 유급병가 등
기타장기종업원급여	장기근속휴가, 안식년휴가 등
퇴직급여	퇴직연금과 퇴직일시금, 그 밖의 퇴직후급여 등
해고급여	퇴직위로금, 명예퇴직금 등

2. 퇴직급여제도

퇴직급여는 고용주가 종업원의 퇴직 이후에 지급하는 종업원급여를 말하며, 단기종업원급여와 해고급여는 제외한다.

퇴직급여제도는 제도의 주요 규약에서 도출되는 경제적 실질에 따라 확정기여제도 또는 확정급여제도로 분류된다.

⊞ **퇴직급여제도**

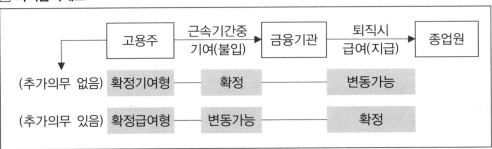

(1) 확정기여제도

확정기여제도란 기업이 별개의 실체(기금)에 고정기여금을 납부하고, 그 기금의 책임 하에 당기와 과거기간에 종업원이 제공한 근무용역과 관련된 모든 급여를 지급하는 퇴직급여제도이다.

- 기업의 법적 의무 또는 의제의무는 기금에 출연하기로 약정한 금액으로 한정한다.
- 종업원이 받을 퇴직급여액은 기업과 종업원이 퇴직급여제도나 보험회사에 출연하는 기여금과 그 기여금에서 발생하는 투자수익에 따라 결정된다.
- 보험수리적 위험(실제급여액이 기대급여액에 미치지 못할 위험)과 투자위험(기여금을 재원으로 투자한 자산이 기대급여액을 지급하는 데 충분하지 못하게 될 위험)은 종업원이 부담한다.

⊡ **확정기여형 퇴직급여제도의 기본 회계처리**

납부시	(차) 퇴직급여 ××× (대) 현 금 ×××
결산일	회계처리 없음
급여지급시	회계처리 없음

(2) 확정급여제도

확정급여제도란 확정기여제도 이외의 모든 퇴직급여제도를 말한다.

- 기업의 의무는 약정한 급여를 전·현직종업원에게 지급하는 것이다.
- 기업이 보험수리적 위험(실제급여액이 기대급여액을 초과할 위험)과 투자위험을 실질적으로 부담한다. 보험수리적 실적이나 투자실적이 예상보다 저조하다면 기업의 의무는 증가할 수 있다.

확정급여제도와 관련된 회계처리는 다음과 같다. (예 기여금 불입액이 ₩100,000이며, 보고기간 말에 확정급여채무가 ₩150,000, 기여금의 수익률은 10%이며, 퇴직급여 지급액이 ₩40,000인 경우)

⊡ **확정급여형 퇴직급여제도의 기본 회계처리**

기여시	(차) 사외적립자산 ₩100,000	(대) 현금 ₩100,000
결산일	(차) 퇴직급여 ₩150,000 사외적립자산 ₩10,000	(대) 확정급여채무 ₩150,000 퇴직급여 ₩10,000
급여지급시	(차) 확정급여채무 ₩40,000	(대) 사외적립자산 ₩40,000

⊡ **확정급여채무의 재무상태표 표시**

확정급여채무(현재가치)	₩110,000
사외적립자산(공정가치)	(₩70,000)
순확정급여채무	₩40,000

제10장 결산 및 재무제표

Thema 01 결산정리사항

1. 의 의

재무제표는 일반적으로 발생주의에 따라 작성된다(현금흐름표 제외).
기말수정분개는 현금주의 등 발생주의 이외의 방법에 의해 기록된 회계기간 중의 회계기록들을 발생주의로 수정하는 분개를 말하며, 결산수정분개라고도 한다.

발생항목	경제적 사건이 현금의 수수에 앞서 발생하는 경우를 말하며, 미수수익과 미지급비용이 그 대표적인 예이다.
이연항목	현금의 수수가 경제적 사건에 앞서 발생하는 경우를 말하며, 선급비용과 선수수익이 그 대표적인 예에 속한다.
기간별 배분 (상각 또는 추정)	현금의 수수가 경제적 사건에 앞서 발생하는 경우를 말하지만 당해 경제적 사건이 여러 기간에 걸쳐 발생한다는 점에서 이연과 구분된다. 기간별 배분에는 감가상각비와 대손상각비가 그 대표적인 예이다.

재고조사표에 기재되는 결산정리(수정)사항은 자산 및 부채에 대한 정리사항과 손익(수익과 비용)에 대한 정리사항 등으로 구분할 수 있다.

자산에 관한 기말수정사항	① 기말상품재고액의 조사와 평가 ② 기말상품의 감모손실과 평가손실의 정리 ③ 유가증권(FVPL 금융자산, FVOCI 금융자산)의 평가 ④ 매출채권에 대한 대손충당금의 설정(대손예상) ⑤ 유형자산의 감가상각비 계상 ⑥ 무형자산의 상각 등
손익에 관한 기말수정사항	① 수익의 이연 및 예상(발생) ② 비용의 이연 및 예상(발생) ③ 소모품 계정의 정리(비용처리법, 자산처리법)
기 타	① 사채할인(할증)발행차금의 상각(환입) ② 현재가치할인차금의 상각(환입) ③ 임시계정의 정리(현금과부족, 가지급금, 가수금, 인출금 등) ④ 외화자산·부채의 평가 ⑤ 충당부채의 설정 ⑥ 부가가치세계정 정리 ⑦ 법인세 추산 등

결산수정사항 아닌 것	① 매출채권의 대손발생 ② 자산의 구입 및 처분 ③ 대금의 지급 및 회수 ④ 자산의 손상차손 발생 ⑤ 자산의 처분손익 인식 등

2. 발생항목

발생항목은 발생주의에 따라 채권 또는 채무가 확정되었으나 동 채권·채무의 회수 또는 결제시기가 차기 이후에 도래하는 항목을 말한다.

(1) 미수수익

미수수익은 발생주의에 따라 기간손익을 인식하는 경우 기간경과에 따라 발생한 당기수익 중 미수액을 말한다. 미수수익은 미래에 현금을 수령할 권리이므로 자산에 해당된다.

미수수익은 '수익의 예상(발생)'에 해당되며, 미수이자, 미수임대료, 미수수수료 등으로 구분하여 기재할 수 있다.

[수정분개] (차) 미 수 이 자 ×××   (대) 이 자 수 익 ×××

(2) 미지급비용

미지급비용은 발생되었으나 지급하지 아니한 비용을 발생주의에 따라 계상한 금액을 말한다. 미지급비용은 미래에 현금을 지급할 의무가 있으므로 부채에 해당한다.

미지급비용은 '비용의 예상(발생)'에 해당되며, 미지급이자, 미지급임차료, 미지급법인세, 미지급급여, 미지급세금과공과 등으로 구분하여 기재할 수 있다.

[수정분개] (차) 이 자 비 용 ×××   (대) 미 지 급 이 자 ×××

3. 이연항목

이연항목은 현금은 이미 수수되었으나 그에 따른 권리나 의무가 차기 이후에 도래하여 발생주의에 따라 수익이나 비용으로 계상하지 않고 이연시키는 항목을 말한다.

(1) 선급비용

선급비용은 계속적인 용역공급계약을 체결하고 선지급한 비용 중 기간미경과로 차기 이후의 기간에 해당하는 부분을 이연처리하는 계정을 말한다.

선급비용은 주로 이자비용, 보험료, 임차료 등 상관행상 선지급하는 기간적 비용에서 나타난다.

① **비용처리법**

보험료의 과목으로 하여 비용처리 하였다가 결산시 미경과액을 선급보험료의 과목으로 하여 자산으로 대체(이연)하는 방법이다.

지급시 : (차) 보 험 료 ×××   (대) 현   금 ×××
결산시 : (차) 선급보험료 ×××   (대) 보 험 료 ××× (미경과액)

② **자산처리법**

선급보험료의 과목으로 하여 자산처리 하였다가 결산시 당기에 기간이 경과된 부분을 보험료의 과목으로 하여 당기비용으로 대체하는 방법이다.

지급시 : (차) 선급보험료 ×××   (대) 현   금 ×××
결산시 : (차) 보 험 료 ×××   (대) 선급보험료 ××× (경과액)

(2) **선수수익**

선수수익은 현금은 수령하였으나 당기분이 아닌 차기 해당분 즉, 기간미경과분을 당기수익에서 차감하여 차기로 이연처리하는 계정을 말한다.

선수수익은 주로 이자수익, 임대료 등 상관행상 선수령하는 기간적 수익에서 나타나며, 미래에 용역 등을 제공할 의무가 있으므로 부채에 해당된다.

① **수익처리법**

임대료의 과목으로 하여 수익처리 하였다가 결산시 미경과액(차기분)을 선수임대료의 과목으로 하여 부채로 대체(이연)하는 방법이다.

수취시 : (차) 현   금 ×××   (대) 임 대 료 ×××
결산시 : (차) 임 대 료 ×××   (대) 선수임대료 ××× (미경과액)

② **부채처리법**

선수임대료의 과목으로 하여 부채처리 하였다가 결산시 당기에 기간이 경과된 부분을 임대료의 과목으로 하여 수익으로 대체하는 방법이다.

수취시 : (차) 현   금 ×××   (대) 선수임대료 ×××
결산시 : (차) 선수임대료 ×××   (대) 임 대 료 ××× (경과액)

4. 소모품

소모품 중 결산일 현재 미사용분은 소모품의 과목으로 하여 자산으로 인식하고, 사용한 부분은 소모품비의 과목으로 하여 비용으로 인식한다.

소모품은 앞에서 설명한 선급비용과 동일하다. 다만, 선급비용이 보험용역, 임대용역 등 주로 용역과 관련되어 있는데 반해 소모품은 물리적 실체가 존재하는 재화라는 점이 다를 뿐이다.

① 비용처리법

구입시 전액 비용으로 계상(사용한 것으로 가정)하였다가, 기말에 미사용액을 자산으로 계상·정리하는 방법이다.

```
구입시: (차) 소모품비   ×××     (대) 현금        ×××
결산시: (차) 소모품     ×××     (대) 소모품비   ×××  (미사용액)
```

② 자산처리법

구입시 전액 자산으로 계상(미사용한 것)하였다가, 기말에 사용액을 비용으로 계상·정리하는 방법이다.

```
구입시: (차) 소모품     ×××     (대) 현금        ×××
결산시: (차) 소모품비   ×××     (대) 소모품     ×××  (사용액)
```

⊞ 수정 후 당기순이익 간편계산법

```
    수정 전 순이익
(+) 자산(기말재고자산, 선급비용, 미수수익)    수익(~~이익, 환입 등)
(-) 부채(선수수익, 미지급비용)                비용(~~상각, 손실, 차손 등)
  = 수정 후 순이익
※ 단, '과대' 계상은 역산!
```

Thema 02 \ 재무제표

1. 재무제표 일반

(1) 재무제표의 의의

재무회계의 목적은 광범위한 정보이용자가 합리적인 의사결정을 할 수 있도록 기업실체에 관한 유용한 회계정보를 제공하는 것이다. 이러한 재무회계의 목적을 달성하기 위해서 기업은 기업의 경제적 사건과 그에 따른 재무적 변동에 대한 정보를 정보이용자에게 전달할 수단을 필요로 하게 되는데 이런 수단 중 가장 핵심적인 것이 재무제표이다. 또한 재무제표는 위탁받은 자원에 대한 경영진의 수탁책임 결과도 보여준다.

(2) 재무제표 작성기준의 적용범위

'주식회사의 외부감사에 관한 법률(외감법)'의 적용대상기업 중 '자본시장과 금융투자업에 관한 법률(자본시장통합법)'에 따른 주권상장법인과 비상장법인 중 재무제표의 작성과 표시를 위해 한국채택국제회계기준의 적용을 선택한 기업의 일반목적 재무제표는 한국채택국제회계기준(K-IFRS)에 근거하여 작성한다.
한국채택국제회계기준에서는 연결재무제표를 기본재무제표로 하고 있다.

(3) 전체 재무제표

전체 재무제표의 종류는 다음과 같으며, 각각의 개별 재무제표는 전체 재무제표에서 동등한 비중으로 표시한다. 또한 아래에서 사용하는 재무제표의 명칭이 아닌 다른 명칭을 사용할 수도 있다.

① 기말 재무상태표(statement of financial position as at the end of the period)
② 기간 포괄손익계산서(statement of comprehensive income for the period)
③ 기간 자본변동표(statement of changes in equity for the period)
④ 기간 현금흐름표(statement of cash flows for the period)
⑤ 주석(유의적인 회계정책의 요약 및 그 밖의 설명으로 구성)
⑥ 회계정책을 소급하여 적용하거나, 재무제표의 항목을 소급하여 재작성 또는 재분류하는 경우 가장 이른 비교기간의 기초 재무상태표

2. 일반사항

(1) 공정한 표시와 한국채택국제회계기준의 준수

재무제표는 기업의 재무상태, 경영성과 및 현금흐름을 공정하게 표시해야 한다. 거의 모든 상황에서 공정한 표시는 관련 한국채택국제회계기준을 준수함으로써 달성된다. 따라서 한국채택국제회계기준에 따라 작성된 재무제표는 공정하게 표시된 재무제표로 본다.

(2) 계속기업

경영진이 기업을 청산하거나 경영활동을 중단할 의도를 가지고 있지 않거나, 청산 또는 경영활동의 중단 외에 다른 현실적 대안이 없는 경우가 아니면 계속기업을 전제로 재무제표를 작성한다.

(3) 발생기준 회계

기업은 현금흐름 정보를 제외하고는 발생기준 회계를 사용하여 재무제표를 작성한다. 발생기준 회계를 사용하는 경우, 각 항목이 개념체계의 정의와 인식요건을 충족할 때 자산, 부채 자본, 광의의 수익 및 비용으로 인식한다.

(4) 중요성과 통합표시

유사한 항목은 중요성 분류에 따라 재무제표에 구분하여 표시하며, 상이한 성격이나 기능을 가진 항목은 구분하여 표시한다. 다만, 중요하지 않은 항목은 성격이나 기능이 유사한 항목과 통합하여 표시할 수 있다.

(5) 상 계

한국채택국제회계기준에서 요구하거나 허용하지 않는 한 자산과 부채 그리고 수익과 비용은 상계하지 않는다. 다만, 동일 거래에서 발생하는 수익과 관련 비용의 상계표시가 거래나 그 밖의 사건의 실질을 반영한다면 그러한 거래의 결과는 상계하여 표시한다.

> ① 처분손익
>   투자자산 및 영업용자산을 포함한 비유동자산의 처분손익은 처분대금에서 그 자산의 장부금액과 관련처분비용을 차감하여 표시
> ② 대리변제손익
>   충당부채와 관련된 지출을 제3자와의 계약관계(예 공급자의 보증약정)에 따라 보전 받은 경우, 당해 지출과 보전받는 금액 중 손익은 상계하여 표시가능
> ③ 평가손익
>   외환손익 또는 단기매매금융상품에서 발생하는 손익과 같이 유사한 거래의 집합에서 발생하는 차익과 차손은 순액으로 표시한다. 그러나 그러한 차익과 차손이 중요한 경우에는 구분하여 표시한다.

재고자산에 대한 재고자산평가충당금과 매출채권에 대한 손실충당금과 같은 평가충 당금을 차감하여 관련 자산을 순액으로 측정하는 것은 상계표시에 해당하지 아니한다.

[상계표시와 순액표시]

재무상태표		재무상태표	
매출채권 ₩1,000	매입채무 ₩1,200	매출채권 ₩980	매입채무 ₩1,200
손실충당금 (₩20)			

⇒

(6) 보고빈도

전체 재무제표(비교정보를 포함)는 적어도 1년마다 작성한다. 보고기간종료일을 변 경하여 재무제표의 보고기간이 1년을 초과하거나 미달하는 경우 재무제표 해당 기간 뿐만 아니라 ① 보고기간이 1년을 초과하거나 미달하게 된 이유, ② 재무제표에 표 시된 금액이 완전하게 비교가능하지는 않다는 사실을 추가로 공시해야 한다.

(7) 비교정보

한국채택국제회계기준이 허용하거나 달리 요구하는 경우를 제외하고는 당기 재무제 표에 보고되는 모든 금액에 대해 전기 비교정보를 공시한다. 비교정보를 공시하는 기업은 적어도 두 개의 재무상태표(당기말과 전기말)와 두 개씩의 그 밖의 재무제표 (당기와 전기) 및 관련 주석을 표시해야 한다.

(8) 표시의 계속성

재무제표 항목의 표시와 분류는 다음의 경우를 제외하고는 매기 동일하여야 한다.

① 사업내용의 유의적인 변화나 재무제표를 검토한 결과 다른 표시나 분류방법이 더 적절한 것이 명백한 경우
② 한국채택국제회계기준에서 표시방법의 변경을 요구하는 경우

(9) 재무제표정보의 한계점

재무제표를 통해 제공되는 정보는 다음과 같은 특성과 한계를 갖고 있다.

① 재무제표는 화폐단위로 측정된 정보를 주로 제공한다.
② 재무제표는 대부분 과거에 발생한 거래나 사건에 대한 정보를 나타낸다.
③ 재무제표는 추정에 의한 측정치를 포함하고 있다.
④ 재무제표는 특정 기업실체에 관한 정보를 제공하며, 산업 또는 경제 전반에 관한 정보를 제공하지는 않는다.

3. 재무제표의 식별

한국채택국제회계기준은 오직 재무제표에만 적용하며 연차보고서, 감독기구 제출서류 또는 다른 문서에 표시되는 그 밖의 정보에 반드시 적용하여야 하는 것은 아니다. 각 재무제표와 주석은 명확하게 식별되어야 한다. 또한 다음 정보가 분명하게 드러나야 하며, 정보의 이해를 위해서 필요할 때에는 반복 표시하여야 한다.

> ① 보고기업의 명칭 또는 그 밖의 식별 수단과 전기 보고기간 말 이후 그러한 정보의 변경내용
> ② 재무제표가 개별 기업에 대한 것인지 연결실체에 대한 것인지의 여부
> ③ 재무제표나 주석의 작성대상이 되는 보고기간종료일 또는 보고기간
> ④ 기업회계기준서 제1021호 '환율변동효과'에 정의된 표시통화
> ⑤ 재무제표의 금액 표시를 위하여 사용한 금액 단위

흔히 재무제표의 표시통화를 천 단위나 백만 단위로 표시할 때 더욱 이해가능성이 제고될 수 있다. 이러한 표시는 금액 단위를 공시하고 중요한 정보가 누락되지 않는 경우에 허용될 수 있다.

4. 재무상태표

(1) 재무상태표

재무상태표(statement of financial position)는 일정 시점 현재 기업이 보유하고 있는 경제적 자원인 자산과 경제적 의무인 부채, 그리고 자본에 대한 정보를 제공하는 재무보고서로서, 정보이용자들이 기업의 유동성, 재무적 탄력성, 수익성과 위험 등을 평가하는 데 유용한 정보를 제공한다.

① **유용성**

　㉠ 유동성과 재무건전성(재무탄력성)에 대한 정보제공

　㉡ 자본구조에 대한 정보제공

　㉢ 개별자산의 수익률에 대한 정보제공

② **한 계**

　㉠ 현행가치를 반영하지 못함

　㉡ 측정이 어려운 자산의 불포함(인적자원 등)

　㉢ 자의적인 측정기준의 사용(채권의 대손가능성, 유형자산의 내용연수 및 잔존가치 등)

　㉣ 부외금융항목의 발생(운용리스 등)

(2) 재무상태표의 기본구조

재무상태표에는 적어도 다음에 해당하는 금액을 나타내는 항목을 표시한다.

자 산	부채 및 자본
① 현금 및 현금성자산 ② 매출채권 및 기타 채권 ③ 재고자산 ④ 생물자산 ⑤ 금융자산(단, ①, ② 및 ⑥를 제외) ⑥ 지분법에 따라 회계처리하는 투자자산 ⑦ 투자부동산 ⑧ 유형자산 ⑨ 무형자산 ⑩ 매각예정으로 분류된 자산과 매각예정으로 분류된 처분자산집단에 포함된 자산의 총계	① 매입채무 및 기타 채무 ② 충당부채 ③ 금융부채(단, ①과 ② 제외) ④ 당기법인세부채 및 당기법인세자산 ⑤ 이연법인세부채 및 이연법인세자산
	① 비지배지분 ② 지배기업의 소유주에게 귀속되는 납입자본과 적립금

한국채택국제회계기준은 표시되어야 할 항목의 순서나 형식을 규정하지 아니한다. 단순히 재무상태표에 구분 표시하기 위해 성격이나 기능면에서 명확하게 상이한 항목명을 제시하고 있을 뿐이다.

(3) 유동과 비유동의 구분방법

유동성 순서에 따른 표시방법이 신뢰성 있고 더욱 목적적합한 정보를 제공하는 경우를 제외하고는 유동성·비유동성 구분법에 따라 유동자산과 비유동자산, 유동부채와 비유동부채로 재무상태표에 구분하여 표시한다.

⊞ 재무상태표의 구분방법

구 분	내 용	적용기업
유동성·비유동성 구분법	자산(부채)을 유동자산(부채)과 비유동자산(부채)으로 구분표시	영업주기내에 재화나 용역을 제공하는 경우
유동성 순서 배열법	모든 자산과 부채를 유동성 순서로 표시	금융업
혼합법	유동성·비유동성 구분법과 유동성 순서 배열법을 혼용함	다양한 사업을 영위하는 경우

(4) 자산의 분류

자산은 다음의 경우에 유동자산(current assets)으로 분류하고, 그 밖의 모든 자산은 비유동자산(non-current assets)으로 분류한다.

① 기업의 정상영업주기 내에 실현될 것으로 예상하거나, 정상영업주기 내에 판매하거나 소비할 의도가 있다.
② 주로 단기매매 목적으로 보유하고 있다.
③ 보고기간 후 12개월 이내에 실현될 것으로 예상한다.
④ 현금이나 현금성자산으로서, 교환이나 부채 상환 목적으로서의 사용에 대한 제한 기간이 보고기간 후 12개월 이상이 아니다.

영업주기는 영업활동을 위한 자산의 취득시점부터 그 자산이 현금이나 현금성자산으로 실현되는 시점까지 소요되는 기간이다. 정상영업주기를 명확히 식별할 수 없는 경우에는 그 기간이 12개월인 것으로 가정한다.
유동자산은 보고기간 후 12개월 이내에 실현될 것으로 예상되지 않는 경우에도 재고자산 및 매출채권과 같이 정상영업주기의 일부로서 판매, 소비 또는 실현되는 자산을 포함한다. 또한 유동자산은 단기매매목적으로 보유하고 있는 자산과 비유동금융자산의 유동성 대체 부분을 포함한다.

(5) 부채의 분류

① 부채는 다음의 경우에 유동부채(current liabilities)로 분류하고, 그 밖의 모든 부채는 비유동부채(non-current liabilities)로 분류한다.

㉠ 정상영업주기 내에 결제될 것으로 예상하고 있다.
㉡ 주로 단기매매 목적으로 보유하고 있다.
㉢ 보고기간 후 12개월 이내에 결제하기로 되어 있다.
㉣ 보고기간 후 12개월 이상 부채의 결제를 연기할 수 있는 무조건의 권리를 가지고 있지 않다.

② 매입채무 그리고 종업원 및 그 밖의 영업원가에 대한 미지급비용과 같은 유동부채는 기업의 정상영업주기 내에 사용되는 운전자본의 일부이다. 이러한 항목은 보고기간 후 12개월 후에 결제일이 도래한다 하더라도 유동부채로 분류한다.

③ 기타 유동부채는 정상영업주기 이내에 결제되지 않지만 보고기간 후 12개월 이내에 결제일이 도래하거나 단기매매목적으로 보유한다. 이에 대한 예로는 단기매매목적으로 분류된 금융부채, 당좌차월, 비유동금융부채의 유동성 대체 부분, 미지급배당금, 법인세 및 기타 지급채무 등이 있다. 그 밖의 모든 부채는 비유동부채로 분류한다.

④ 차입금 등의 부채는 12개월 기준으로 유동부채와 비유동부채로 분류한다.

상 황	분 류
원래의 결제기간이 12개월을 초과하는 경우	금융부채가 보고기간 후 12개월 이내에 결제일이 도래하면 이를 유동부채로 분류
보고기간 후 재무제표 발행승인일 전에 장기로 차환하는 약정 또는 지급기일을 장기로 재조정하는 약정이 체결된 경우	
기업이 기존의 대출계약조건에 따라 보고기간 후 적어도 12개월 이상 부채를 차환하거나 연장할 것으로 기대하고 있고, 그런 재량권이 있는 경우	12개월 이내에 만기가 도래한다 하더라도 비유동부채로 분류. 다만, 부채의 차환 또는 연장에 대한 재량권이 없다면 유동부채로 분류
보고기간 말 이전에 차입약정을 위배하여 대여자가 즉시 상환요구를 할 수 있는 경우	보고기간 후 재무제표 발행승인일 전에 대여자가 약정위반을 이유로 상환을 요구하지 않기로 합의하더라도 유동부채로 분류
대여자가 보고기간 말 이전에 보고기간 후 적어도 12개월 이상의 유예기간을 주는 데 합의하여 그 유예기간 내에 기업이 위반사항을 해소할 수 있고, 또 그 유예기간 동안에는 대여자가 즉시 상환을 요구할 수 없는 경우	비유동부채로 분류

(6) 자본의 분류

자본은 납입자본과 이익잉여금 및 기타자본요소로 구분한다.

⊞ 유동성 · 비유동성 구분법에 의한 재무상태표

재 무 상 태 표

(주)세무상사 　　　　　　　　　　　　　　　　　　　20X1년 12월 31일 현재

자산		자본과부채	
비유동자산		자본	
영업권	×××	납입자본	×××
기타무형자산	×××	이익잉여금	×××
유형자산	×××	기타자본요소	×××
관계기업투자주식	×××	자본총계	×××
장기투자금융자산	×××	부채	
비유동자산계	×××	비유동부채	
유동자산		이연법인세부채	×××
재고자산	×××	장기충당부채	×××
매출채권	×××	장기차입금	×××
단기투자금융자산	×××	비유동부채계	×××
현금 및 현금성자산	×××	유동부채	
유동자산계	×××	미지급금	×××
		미지급법인세	×××
		매입채무	×××
		단기차입금	×××
		유동부채계	×××
		부채총계	×××
자산총계	×××	자본과부채총계	×××

5. 포괄손익계산서

(1) 포괄손익계산서

포괄손익계산서(statement of comprehensive income)는 일정 기간 동안 기업의 경영성과에 대한 정보를 제공하는 재무보고서이다. 손익계산서는 당해 회계기간의 경영성과를 나타낼 뿐만 아니라 기업의 미래현금흐름과 수익창출능력 등의 예측에 유용한 정보를 제공한다.

유용성	㉠ 경영성과의 평가에 유용 ㉡ 미래현금흐름에 관한 정보의 제공 ㉢ 과세소득에 기초자료로 이용

한 계	⊙ 순자산의 변동액 중 당기순손익과 기타포괄손익의 구성항목을 구분하는 데 논리적 기초가 없다. ⓒ 당기순이익은 발생주의에 따른 결과이기 때문에 현금흐름과는 관계가 없다. ⓒ 자산의 손상차손, 내부창출 무형자산과 관련된 특정 지출 등을 비용으로 처리하는데 있어서 경영자의 재량권이 개입되어 이익조정이 가능하다.

(2) 포괄손익계산서에 표시되는 정보

포괄손익계산서에는 적어도 당해 기간의 다음 금액을 표시하는 항목을 포함한다.

당기손익 부분	① 수익 ② 금융원가 ③ 지분법 적용대상인 관계기업과 조인트벤처의 당기순이익에 대한 지분 ④ 법인세비용 ⑤ 중단영업의 합계를 표시하는 단일금액
기타포괄손익 부분	① 당기손익으로 재분류되지 않는 항목 ② 특정 조건을 충족하는 때에 후속적으로 당기손익으로 재분류되는 항목

기업의 경영성과를 이해하는 데 목적적합한 경우에는 포괄손익계산서와 별개의 손익계산서(표시되는 경우)에 항목, 제목 및 중간합계를 추가하여 표시한다.
수익과 비용의 어느 항목도 포괄손익계산서, 별개의 손익계산서(표시하는 경우) 또는 주석에 특별손익 항목으로 표시할 수 없다.

(3) 포괄손익계산서(statement of comprehensive income)와 별개의 손익계산서

손익계산서는 다음 중 한 가지 방법으로 표시한다.
① 단일 포괄손익계산서
② 두 개의 보고서: 당기순손익의 구성요소를 배열하는 보고서(별개의 손익계산서)와 당기순손익에서 시작하여 기타포괄손익의 구성요소를 배열하는 보고서(포괄손익계산서)

⊞ 포괄손익계산서와 별개의 손익계산서

〈단일보고방법〉

포괄손익계산서

수익	×××
비용	×××
당기순이익	×××
기타포괄손익	×××
총포괄손익	×××

〈별도보고방법〉

손익계산서

수익	×××
비용	×××
당기순이익	×××

포괄손익계산서

당기순이익	×××
기타포괄손익	×××
총포괄이익	×××

(4) 당기순손익

한 기간에 인식되는 모든 수익과 비용 항목은 한국채택한국회계기준이 달리 정하지 않는 한 당기손익으로 인식한다.

(5) 기타포괄손익

기타포괄손익의 항목은 다음 중 한 가지 방법으로 표시할 수 있다.

① 당해 기간의 기타포괄손익금액을 성격별로 분류하고, 다른 한국채택국제회계기준서에 따라 후속적으로 당기손익으로 재분류되지 않는 항목과 재분류되는 항목을 각각 집단으로 묶어 표시한다.

② 기타포괄손익의 항목은 관련 법인세비용을 차감한 순액으로 표시하거나, 법인세비용차감전 금액으로 표시할 수 있다.

③ 기타포괄손익의 항목과 관련된 재분류조정을 공시한다.

기타포괄손익누계액	후속처리
토지 등 재평가잉여금 확정급여제도 재측정손익 기타포괄평가손익(지분증권)	이익잉여금에 직접대체
기타포괄평가손익(채무증권) 해외사업장환산손익 현금흐름위험회피 파생상품평가손익	실현시 당기손익으로 재분류조정

(6) 영업손익의 구분표시

당기손익 항목		계산구조
영업 이익	매출원가 구분 가능	매출액 − 매출원가 − 판매비와 관리비
	매출원가 구분 불가능	영업수익 − 영업비용
	당기순이익	영업이익 + 영업외수익 − 영업외비용 − 법인세비용

① 영업이익에 포함되는 항목

영업이익은 매출액에서 매출원가 및 판매비와관리비(물류원가 등을 포함)에 해당하는 비용을 차감하여 산출한 금액이다.

구 분	내 용
매 출 액	제품, 상품, 용역의 총매출액에서 환입 및 매출에누리와 매출할인을 차감한 금액
매출원가	① 판매된 제품이나 상품에 대한 제조원가 또는 매입원가 ② 기초제품(상품)재고액 + 당기제품제조원가(당기상품순매입액) 　　－ 기말제품(상품)재고액
판매비와 관리비	판매활동과 기업의 관리활동에서 발생하는 비용

② **판매비와 관리비**

판매비와 관리비는 급여, 퇴직급여, 명예퇴직금, 복리후생비, 접대비, 임차료, 세금과공과, 광고선전비, 소모품비, 수선비, 연구비, 경상개발비, 손상차손(대손상각비), 감가상각비, 무형자산상각비 등을 포함한다.

손실충당금환입, 판매보증충당부채환입 및 주식보상비용환입은 수익으로 인식하지 않고 판매비와 관리비의 차감항목으로 표시한다.

포 괄 손 익 계 산 서

당기 : 20X2년 1월 1일부터 12월 31일까지
전기 : 20X1년 1월 1일부터 12월 31일까지

합격상사 (단위 : 원)

과　　목	20X2년	20X1년
매출액	×××	×××
매출원가	(×××)	(×××)
매출총이익	×××	×××
판매비와 관리비	(×××)	(×××)
영업이익	×××	×××
영업외수익과 차익	×××	×××
영업외비용과 차손	(×××)	(×××)
법인세비용차감전이익	×××	×××
법인세비용	(×××)	(×××)
계속영업이익	×××	×××
중단영업손익(세후)	×××	×××
당기순이익	×××	×××
기타포괄손익		
당기손익으로 재분류되지 않는 항목(세후)	×××	×××
당기손익으로 재분류되는 항목(세후)	×××	×××
총포괄이익	×××	×××

(7) **비용의 분류방법**

① **성격별 분류법**

당기손익에 포함된 비용은 그 성격(예 감가상각비, 원재료의 구입, 운송비, 종업원 급여와 광고비)별로 통합하며, 기능별로 재배분하지 않는다. 비용을 기능별 분류로 배분할 필요가 없기 때문에 적용이 간단할 수 있다.

② **기능별 분류법**

비용을 매출원가, 그리고 물류원가와 관리활동원가 등과 같이 기능별로 분류하는 방법으로 매출원가법이라고도 한다. 이 방법에서는 적어도 매출원가를 다른 비용과 분리하여 공시한다. 이 방법은 성격별 분류보다 재무제표이용자에게 더욱 목적적합한 정보를 제공할 수 있지만 비용을 기능별로 배분하는데 자의적인 배분과 상당한 정도의 판단이 개입될 수 있다. 비용을 기능별로 분류하는 기업은 감가상각비, 기타 상각비와 종업원급여비용을 포함하여 비용의 성격에 대한 추가 정보를 공시한다.

성격별 손익계산서		기능별 손익계산서	
매출액	×××	매출액	×××
영업비용	×××	**매출원가**	×××
제품과 재공품의 변동	×××	매출총이익	×××
원재료와 소모품의 사용액	×××	기타수익	×××
종업원급여비용	×××	판매비	×××
감가상각비와 기타상각비	×××	**물류원가**	×××
기타비용	×××	관리비	×××
영업이익	×××	기타비용	×××
영업외수익과 차익	×××	법인세비용차감전이익	×××
영업외비용과 차손	×××	법인세비용	×××
법인세비용차감전이익	×××	당기순이익	×××
법인세비용	×××		
당기순이익	×××		

6. 자본변동표

자본변동표(statement of change in equity)는 자본의 크기와 그 변동에 관한 정보를 제공하는 재무보고서로서, 자본을 구성하고 있는 납입자본, 이익잉여금 및 기타자본요소의 변동에 대한 포괄적인 정보를 제공한다.

자본변동표는 다음의 항목들을 표시한다.

① 지배기업의 소유주와 비지배지분에 각각 귀속되는 금액으로 구분하여 표시한 해당 기간의 총포괄손익

② 자본의 각 구성요소별로 회계변경 및 추정에 따라 인식된 소급적용이나 소급재작성의 영향

③ 자본의 각 구성요소별로 다음의 각 항목에 따른 변동액을 구분하여 표시한, 기초시점과 기말시점의 장부금액 조정내역

   ㉠ 당기순손익

   ㉡ 기타포괄손익

   ㉢ 소유주로서의 자격을 행사하는 소유주와의 거래

자 본 변 동 표

합격상사   20X1년 1월 1일부터 12월 31일까지

구 분	납입자본	이익잉여금	기타자본요소	총 계
20X1. 1. 1	×××	×××	×××	×××
연차배당		(×××)		(×××)
기타이익잉여금처분액		(×××)	(×××)	−
중간배당		(×××)		(×××)
유상증자	×××		×××	×××
당기순이익		×××		×××
자기주식 취득			(×××)	(×××)
FVOCI 금융자산평가손실			(×××)	(×××)
재평가잉여금			×××	×××
20X1. 12. 31	×××	×××	×××	×××

7. 주 석

주석(notes)은 실무적으로 적용 가능한 한 체계적인 방법으로 표시한다. 재무상태표, 포괄손익계산서, 별개의 손익계산서(표시하는 경우), 자본변동표 및 현금흐름표에 표시된 개별항목은 주석의 관련 정보와 상호 연결시켜 표시한다. 주석은 다음의 정보를 제공한다.

① 재무제표 작성 근거와 구체적인 회계정책에 대한 정보
② 한국채택국제회계기준에서 요구하는 정보이지만 재무제표 어느 곳에도 표시되지 않는 정보
③ 재무제표 어느 곳에도 표시되지 않지만 재무제표를 이해하는 데 목적적합한 정보

주석은 일반적으로 다음 순서로 표시한다.

> ① 한국채택국제회계기준을 준수하였다는 사실
> ② 적용한 유의적인 회계정책의 요약
> ③ 재무상태표, 포괄손익계산서, 별개의 손익계산서(표시하는 경우), 자본변동표 및 현금흐름표에 표시된 항목에 대한 보충정보, 재무제표의 배열 및 각 재무제표에 표시된 개별 항목의 순서에 따라 표시한다.
> ④ 다음을 포함한 기타 공시
>   ㉠ 우발부채와 재무제표에서 인식하지 아니한 계약상 약정사항
>   ㉡ 비재무적 공시항목, 예를 들어 기업의 재무위험관리목적과 정책

8. 중간재무보고

(1) 중간보고의 의의

중간재무제표는 1회계연도보다 짧은 기간(중간기간)을 대상으로 작성하는 재무제표로서 회계정보의 적시성 제고를 위하여 필수적인 수단이다.

중간기간	1회계연도보다 짧은 회계기간을 말한다. 예를 들면 중간기간은 3개월, 6개월 등이 될 수 있다. 3개월 단위의 중간기간을 '분기', 6개월 단위의 중간기간을 '반기'라 한다.
누적중간기간	회계연도의 개시일부터 당해 중간기간의 종료일까지의 기간을 말한다.
중간재무제표	중간기간 또는 누적중간기간을 대상으로 작성하는 재무제표를 말한다.
연차재무제표	1회계연도를 대상으로 작성하는 재무제표를 말한다.

(2) 중간재무보고의 내용

중간재무보고서는 전체 재무제표로 작성할 수도 있고 요약재무제표로 작성할 수도 있다.
① 중간재무보고서는 최소한 다음의 구성요소를 포함하여야 한다.

> ① 요약재무상태표
> ② 다음 중 하나로 표시되는 요약포괄손익계산서
>   ㉠ 단일 요약포괄손익계산서
>   ㉡ 별개의 요약손익계산서와 요약포괄손익계산서
> ③ 요약자본변동표
> ④ 요약현금흐름표
> ⑤ 선별적 주석

② **선별적 주석**

중간재무보고서의 이용자는 해당 기업의 직전 연차재무보고서도 이용할 수 있으므로 직전 연차재무보고서에 이미 보고된 정보에 대한 갱신사항이 상대적으로 경미하다면 중간재무보고서의 주석으로 기재할 필요는 없다.

③ **중간재무제표가 표시되어야 하는 기간**

중간보고서는 다음 기간에 대한 중간재무제표를 포함하여야 한다.

> ① 당해 중간보고기간 말과 직전 연차보고기간 말을 비교형식으로 작성한 재무상태표
> ② 당해 중간기간과 당해 회계연도 누적기간을 직전 회계연도의 동일기간과 비교하는 형식으로 작성한 포괄손익계산서(별개 손익계산서 작성도 가능)
> ③ 당해 회계연도 누적기간을 직전 회계연도의 동일기간과 비교하는 형식으로 작성한 자본변동표
> ④ 당해 회계연도 누적기간을 직전 회계연도의 동일기간과 비교하는 형식으로 작성한 현금흐름표

⊞ **대상기간과 비교대상**

재무제표	대상기간	비교대상
재무상태표	당해 중간기간 말	직전 회계연도 말
포괄손익계산서	당해 중간기간과 누적기간	직전 회계연도의 동일기간
현금흐름표, 자본변동표	당해 누적기간	직전 회계연도의 동일기간

▨ **예 20X2년 3분기 재무제표**

구 분		대상기간	비교대상
재무상태표		20X2년 9월 30일 현재	20X1년 12월 31일 현재
포괄 손익계산서	당해중간기간	20X2년 7월 1일 ~ 9월 30일	20X1년 7월 1일 ~ 9월 30일
	누적중간기간	20X2년 1월 1일 ~ 9월 30일	20X1년 1월 1일 ~ 9월 30일
현금흐름표, 자본변동표		20X2년 1월 1일 ~ 9월 30일	20X1년 1월 1일 ~ 9월 30일

한편, 계절성이 높은 사업을 영위하는 기업의 경우, 중간보고기간 말까지 12개월 기간의 재무정보와 직전 회계연도의 동일기간에 대한 비교 재무정보를 보고할 것을 권장하고 있다.

④ **기타 고려할 사항**

　㉠ **중요성**

　　중간재무보고서를 작성할 때 인식, 측정, 분류 및 공시와 관련된 중요성의 판
　　단은 해당 중간기간의 재무자료에 근거하여 이루어져야 한다.

　㉡ **연차재무제표 주석공시**

　　최종 중간기간(12월 결산법인의 경우에는 4/4분기가 될 것이다)의 중간재무
　　보고서는 별도로 작성하지 않을 수 있다. 다만, 특정 중간기간에 보고된 추정
　　금액이 최종 중간기간에 중요하게 변동하였지만 최종 중간기간에 대하여 별
　　도의 재무보고를 하지 않는 경우, 추정의 변동 내용과 금액을 해당 회계연도
　　의 연차재무제표에 주석으로 공시하여야 한다.

　㉢ **한국채택국제회계기준의 준수에 대한 공시**

　　한국채택국제회계기준에 따라 중간재무보고서를 작성한 경우, 그 사실을 공
　　시하여야 한다.

(3) **인식과 측정**

① **연차기준과 동일한 회계정책**

　중간재무제표는 연차재무제표에 적용하는 회계정책과 동일한 회계정책을 적용하
　여 작성한다. 다만, 직전 연차보고기간 말 후에 회계정책을 변경하여 그 후의 연
　차재무제표에 반영하는 경우에는 변경된 회계정책을 적용한다.

② **법인세비용의 인식**

　법인세비용은 각 중간기간에 전체 회계연도에 대해서 예상되는 최선의 가중평균
　연간법인세율의 추정에 기초하여 인식한다.

③ **계절적, 주기적 또는 일시적인 수익 및 연중 고르지 않게 발생하는 원가**

　배당수익, 로열티수익과 같이 계절적, 주기적 또는 일시적으로 발생하는 수익은
　연차보고기간 말에 미리 예측하여 인식하거나 이연하는 것이 적절하지 않은 경우
　중간보고기간 말에도 미리 예측하여 인식하거나 이연하여서는 아니된다. 한편,
　연중 고르지 않게 발생하는 원가는 연차보고기간 말에 미리 비용으로 예측하여
　인식하거나 이연하는 것이 타당한 방법으로 인정되는 경우에 한하여 중간재무보
　고서에서도 동일하게 처리한다.

(4) 보고된 중간기간에 대한 재작성

새로운 한국채택국제회계기준서의 경과규정에 의하지 않은 회계정책의 변경이 있는 경우 당해 회계연도 이전 중간기간의 재무제표와 비교표시되는 과거 회계연도 중간기간의 재무제표를 재작성한다. 다만, 새로운 회계정책을 적용하게 되는 회계연도 개시일에, 회계변경의 누적효과를 이전의 전체 회계기간에 적용하는 것이 실무상 어려울 경우에는 실무적으로 적용할 수 있는 최초일부터 새로운 회계정책을 전진적으로 적용하여 당해 회계연도의 이전 중간기간과 비교표시되는 과거 회계연도의 중간기간에 대한 재무제표를 조정한다.

Thema 03 │ 현금흐름표

1. 현금흐름표의 의의

(1) 현금흐름에 관한 정보

현금흐름표(statement of cash flows)는 한 회계기간 동안 발생한 현금유입과 현금유출에 관한 정보를 제공하는 재무보고서이다. 현금흐름표는 현금기준에 기초하여 작성하는 재무제표로서 발생기준에 기초하여 작성된 재무상태표 및 포괄손익계산서를 보완하여 미래 현금흐름을 예측하는 데 도움을 준다.

(2) 현금흐름표의 유용성

① 기업의 미래현금흐름창출능력에 대한 평가
② 부채와 배당금에 대한 지급능력에 대한 평가
③ 기업가치의 평가
④ 당기순이익과 영업활동 현금흐름의 차이에 관한 정보의 제공
⑤ 투자활동 및 재무활동이 기업의 재무상태에 미친 영향에 관한 정보의 제공

(3) 현금의 개념

현금흐름표에서 현금이란 현금 및 현금성자산을 말한다.

2. 현금흐름 유형의 구분

(1) 영업활동

영업활동은 기업의 주요 수익창출활동을 말하며, 투자활동이나 재무활동이 아닌 기타의 활동을 포함한다. 일반적으로 영업활동은 제품의 생산과 상품 및 용역의 구매, 판매활동을 말한다. 영업활동 현금흐름은 일반적으로 당기순손익의 결정에 영향을 미치는 거래나 그 밖의 사건의 결과로 발생한다.

영업활동 현금유입	영업활동 현금유출
① 재화의 판매나 용역의 제공에 따른 현금유입	① 재화와 용역의 구입에 따른 현금유출
② 로열티, 수수료, 중개료 및 기타수익에 따른 현금유입	② 종업원과 관련하여 직·간접으로 발생하는 현금유출
③ 법인세의 환급. 다만, 재무활동과 투자활동에 명백히 관련되는 것은 제외	③ 법인세의 납부. 다만, 재무활동과 투자활동에 명백히 관련되는 것은 제외
④ 단기매매목적으로 보유하는 계약에서 발생하는 현금유입	④ 단기매매목적으로 보유하는 계약에서 발생하는 현금유출

기업은 단기매매목적으로 유가증권이나 대출채권을 보유할 수 있으며, 이 때 유가증권이나 대출채권은 판매를 목적으로 취득한 재고자산과 유사하다. 따라서 단기매매목적으로 보유하는 금융자산의 취득과 판매에 따른 현금흐름은 영업활동으로 분류한다.

(2) 투자활동

투자활동은 장기성 자산 및 현금성자산에 속하지 않는 기타 투자자산의 취득과 처분과 관련된 활동을 말한다.

투자활동 현금유입	투자활동 현금유출
① 유형자산, 무형자산 및 기타 장기성 자산의 처분	① 유형자산, 무형자산 및 기타 장기성 자산의 취득
② 다른 기업의 지분상품이나 채무상품 및 공동기업 투자지분의 처분(현금성자산과 단기매매금융자산 제외)	② 다른 기업의 지분상품이나 채무상품 및 공동기업 투자지분의 취득(현금성자산과 단기매매금융자산 제외)
③ 제3자에 대한 선급금 및 대여금의 회수 (금융회사의 현금 선지급과 대출채권은 제외)	③ 제3자에 대한 선급금 및 대여금(금융회사의 현금 선지급과 대출채권은 제외)
④ 선물계약, 선도계약, 옵션계약 및 스왑계약에 따른 현금유입(단기매매목적과 재무활동으로 분류하는 경우 제외)	④ 선물계약, 선도계약, 옵션계약 및 스왑계약에 따른 현금유출(단기매매목적과 재무활동으로 분류하는 경우 제외)

(3) 재무활동

재무활동은 기업의 납입자본과 차입금의 크기 및 구성내용에 변동을 가져오는 활동을 말한다.

재무활동 현금유입	재무활동 현금유출
① 주식이나 기타 지분상품의 발행에 따른 현금유입(유상증자)	① 주식의 취득이나 상환에 따른 소유주에 대한 현금유출(배당, 유상감자)
② 자기주식의 처분(재발행)	② 차입금의 상환에 따른 현금유출
③ 사채 및 어음의 발행에 따른 현금유입	③ 리스이용자의 금융리스부채 상환에 따른 현금유출
④ 장·단기 차입에 따른 현금유입	

(4) 활동구분에서 주의해야 할 항목

재무제표에 인식되는 특정한 계정과목은 영업활동과 투자활동, 그리고 재무활동의 요소가 복합되어 있는 경우도 있다. 이 경우 당해 계정과목은 관련되어 있는 활동으로 모두 정확히 분류해야 하는 것을 원칙으로 한다.

구 분	현금흐름표 공시
이자 수취	영업활동 또는 투자활동 공시 가능
이자 지급	영업활동 또는 재무활동 공시 가능
배당금 수취	영업활동 또는 투자활동 공시 가능
배당금 지급	재무활동 또는 영업활동 공시 가능
법인세 지급	재무활동과 투자활동에 명백히 관련되지 않는 한 영업활동

⊞ 경영활동별 현금흐름 사례

기업의 경영활동		현금흐름	
		현금의 유입	현금의 유출
영업활동	• 단기매매목적 계약의 현금흐름 • 재고자산의 판매 및 용역의 제공 • 재고자산의 매입 및 생산 • 투자 및 재무활동에 속하지 아니하는 모든 거래	• 매출수익 • 이자수취, 배당금수취 • 단기매매금융자산의 처분	• 매입대금 • 종업원에 대한 지출(퇴직금지급액 포함) • 이자지급, 법인세납부 • 단기매매금융자산의 취득
투자활동	• 자금의 일시운용 • 현금의 대여 및 회수 • 유가증권의 취득 및 처분 • 유형자산의 취득 및 처분 • 무형자산의 취득 및 처분	• 금융상품의 처분 • 대여금의 회수 • 유가증권의 처분 • 유형·무형자산의 처분 • 미수금의 감소	• 금융상품의 취득 • 대여금의 지급 • 유가증권의 취득 • 유형·무형자산의 취득

재무 활동	• 자금의 조달 • 조달자금의 상환 • 배당금의 지급 • 자기주식의 취득 및 처분	• 장·단기차입금의 차입 • 사채의 발행 • 주식의 발행(유상증자) • 자기주식 매각	• 장·단기차입금의 상환 • 사채의 상환 • 유상감자 • 자기주식 취득 • 배당금지급 • 미지급금의 감소

(5) 현금흐름표의 양식

<table>
<tr><th colspan="2" align="center">현 금 흐 름 표</th></tr>
<tr><td>Ⅰ. 영업활동으로 인한 현금흐름
   (직접법과 간접법을 선택적 적용)</td><td>×××</td></tr>
<tr><td>Ⅱ. 투자활동으로 인한 현금흐름
   1. 투자활동으로 인한 현금유입액
   2. 투자활동으로 인한 현금유출액</td><td>×××</td></tr>
<tr><td>Ⅲ. 재무활동으로 인한 현금흐름
   1. 재무활동으로 인한 현금유입액
   2. 재무활동으로 인한 현금유출액</td><td>×××</td></tr>
<tr><td>Ⅳ. 현금의 증가(감소)(Ⅰ+Ⅱ+Ⅲ)</td><td>×××</td></tr>
<tr><td>Ⅴ. 기초 현금 및 현금성자산</td><td>×××</td></tr>
<tr><td>Ⅵ. 기말 현금 및 현금성자산</td><td>×××</td></tr>
</table>

3. 영업활동 현금흐름

현금흐름표(직접법)			현금흐름표(간접법)	
영업활동 현금흐름		=	**영업활동 현금흐름**	
고객으로부터 유입된 현금	×××		당기순이익	×××
공급자에 대한 현금유출	×××		가감 :	
종업원에 대한 현금유출	×××		이자수익	×××
기타 영업비 현금유출	×××		감가상각비	×××
			매출채권의 증가	×××
			매입채무의 증가	×××
			…	
영업에서 창출된 현금	×××	=	**영업에서 창출된 현금**	×××
이자수취	×××	=	이자수취	×××
배당금수취	×××	=	배당금수취	×××
이자지급	×××	=	이자지급	×××
법인세납부	×××	=	법인세납부	×××
⋮			⋮	

4. 영업활동 현금흐름 – 직접법

(1) 매출 등 수익활동으로부터의 유입액

매출채권 + 선수금			
기초매출채권	×××	기초선수금	×××
		손상차손	×××
발생주의 매출액	×××	현금주의 매출액(유입액)	×××
기말선수금	×××	기말매출채권	×××

(2) 기타수익 관련 현금유입액

수 익			
기초미수수익	×××	기초선수수익	×××
발생주의 수익(I/S)	×××	현금유입액	×××
기말선수수익	×××	기말미수수익	×××

(3) 매입으로 인한 유출액

재고자산 + 매입채무 + 선급금			
기초재고자산	×××	기초매입채무	×××
기초선급금	×××		
		매출원가(발생주의)	×××
현금유출액(매입액)	×××	기말선급금	×××
기말매입채무	×××	기말재고자산	×××

(4) 기타비용 관련 현금유출액

비 용			
기초선급비용	×××	기초미지급비용	×××
현금유출액	×××	비용발생액(I/S)	×××
기말미지급비용	×××	기말선급비용	×××

5. 영업활동 현금흐름 – 간접법

간접법은 포괄손익계산서의 당기순손익에 현금을 수반하지 않는 거래와 이연 또는 발생, 투자활동이나 재무활동 현금흐름과 관련된 손익항목의 영향을 조정하여 표시하는 방법을 말한다.

(I) 현금주의와 발생주의간의 차이조정

현금주의와 발생주의의 차이는 다음과 같은 항목으로 인해 발생한다. 따라서 발생주의 당기순손익(또는 수익과 비용)에서 이러한 차이를 조정하면 영업활동으로 인한 현금흐름을 구할 수 있다.

① 영업활동과 무관한 현금의 유출이 없는 비용 등의 가산하고 영업활동과 무관한 현금의 유입이 없는 수익 등의 차감한다.

⊡ 영업활동 현금흐름

현금의 유출이 없는 비용 가산	현금의 유입이 없는 수익 차감
[투자와 재무활동 관련 비용의 가산] ① 감가상각비 및 무형자산상각비 ② 사채할인발행차금 상각액 ③ 지분법손실 ④ 금융자산평가 · 처분손실 ⑤ 유형자산처분손실 ⑥ 사채상환손실 ⑦ 유형자산 · 무형자산손상차손	[투자와 재무활동 관련 수익의 차감] ① 사채할증발행차금 환입(상각)액 ② 지분법이익 ③ 금융자산평가 · 처분이익 ④ 유형자산처분이익 ⑤ 사채상환이익 ⑥ 유형자산 · 무형자산손상차손환입

② **영업활동으로 인한 자산과 부채의 변동**

⊡ 영업활동 현금흐름

	가산(현금유입)		차감(현금유출)
자산의 감소	재고자산의 감소 매출채권의 감소 선급금, 선급비용의 감소	자산의 증가	재고자산의 증가 매출채권의 증가 선급금, 선급비용의 증가
부채의 증가	매입채무의 증가 선수금, 선수수익의 증가 충당부채의 증가 미지급법인세의 감소	부채의 감소	매입채무의 감소 선수금, 선수수익의 감소 충당부채의 감소 미지급법인세의 증가

(2) 한국채택국제회계기준에 의한 간접법

국제회계기준은 이자와 배당금의 수취 및 지급에 따른 현금흐름과 법인세로 인한 현금흐름은 각각 별도로 공시할 것을 요구하고 있어 수정된 간접법의 형태로 현금흐름표를 작성하여야 한다.

결과적으로 영업창출현금흐름은 간접법 개념에 따라 조정과정을 표시하며, 이자수취, 배당금수취, 이자지급, 법인세납부는 조정결과인 현금흐름을 직접 표시한다.

현금흐름표(간접법)

K회사	20X1.1.1 ~ 20X1.12.31
Ⅰ. 영업활동으로 인한 현금흐름	×××
1. 법인세비용차감전순이익	×××
2. 조정항목의 가감	
현금의 유출이 없는 비용의 가산	×××
현금의 유입이 없는 수익의 차감	(×××)
영업활동으로 인한 자산과 부채의 변동	
(+) 자산의 감소, 부채의 증가	×××
(−) 자산의 증가, 부채의 감소	(×××)
영업에서 창출된 현금	×××
3. 이자수령액	×××
4. 이자지급액	(×××)
5. 배당금수령액	×××
6. 법인세납부액	(×××)
⋮	

영업활동현금흐름

		I/S 당기순이익(= 발생주의)	×××
현금유입없는 수익	×××	현금유출없는 비용	×××
(~~이익, 차익, 환입)		(~~상각, 손실, 차손)	
자산 증가	×××	자산 감소	×××
부채 감소	×××	부채 증가	×××
⋮		⋮	
영업활동현금흐름(= 현금주의)	×××		

🗒 1. 기타포괄손익-공정가치 측정 금융자산 처분손익은 영업활동현금흐름에 가감하지만 평가손익은 기타포괄손익이므로 고려하지 않는다.
  2. 당기손익 − 공정가치 측정 금융자산의 증감을 고려한 경우에는 평가손익과 처분손익을 고려하지 않는다.
  3. 대손상각비(손상차손)은 매출채권을 대손충당금(손실충당금)을 차감한 순액으로 계산할 경우에는 영업활동현금흐름에서 제외한다.
  4. 재고자산의 감모손실과 평가손실은 재고자산의 증감에 포함되어 있기 때문에 영업활동현금흐름에서 제외한다.

제11장 \ 재무비율분석

1. 재무제표분석의 의의

재무제표분석은 기업이 작성한 재무제표를 이용하여 회계정보이용자가 경제적 의사결정을 하는데 필요한 회계정보를 제공해 주는 회계시스템의 한 분야를 말한다. 재무제표분석은 경영분석이라고도 하며 재무제표상의 수치 및 부수적 자료를 기초로 기업의 재무상태, 경영성과, 현금 흐름 등을 평가·분석하여 기업의 경영활동과 관련된 제반 사항을 판단하는 것을 말한다.

2. 재무비율 분석

(1) 유동성비율

유동성비율은 기업의 단기 채무 지급 능력을 평가하는 비율이다.

유동비율	$유동비율 = \dfrac{유동자산}{유동부채} \times 100$
당좌비율 (= 산성비율)	$당좌비율 = \dfrac{당좌자산(유동자산 - 재고자산)}{유동부채} \times 100$

구 분	유동자산과 유동부채가 동시에 증가하는 경우 유동자산 ×××/ 유동부채 ×××	유동자산과 유동부채가 동시에 감소하는 경우 유동부채 ×××/ 유동자산 ×××
유동비율 > 1인 경우	유동비율 감소	유동비율 증가
유동비율 = 1인 경우	유동비율 불변	유동비율 불변
유동비율 < 1인 경우	유동비율 증가	유동비율 감소

(2) **안전성비율**(레버리지 비율)

안전성비율은 기업의 장기 지급 능력을 평가하는 비율이다.

부채비율	$부채비율 = \dfrac{총부채}{자기자본} \times 100$
자기자본비율	$자기자본비율 = \dfrac{자기자본}{총자본} \times 100$
고정비율과 고정장기적합률	① $고정비율 = \dfrac{고정자산}{자기자본} \times 100$ ② $고정장기적합률 = \dfrac{고정자산}{자기자본 + 고정부채} \times 100$
이자보상비율	$이자보상비율 = \dfrac{영업이익}{이자비용} \times 100$

(3) **수익성비율**

수익성비율은 기업의 경영성과, 즉 수익성을 판단하는 비율이다.

매출액이익률	① $매출총이익률 = \dfrac{매출총이익}{매출액} \times 100$ ② $매출액\ 영업이익률 = \dfrac{영업이익}{매출액} \times 100$ ③ $매출액\ 순이익률 = \dfrac{당기순이익}{매출액} \times 100$
자본이익률	① $총자본(총자산)이익률 = \dfrac{당기순이익}{총자본(=총자산)} \times 100$ ② $자기자본이익률 = \dfrac{당기순이익}{자기자본} \times 100$
주당이익 (EPS)	$주당이익 = \dfrac{당기순이익 - 우선주배당금}{가중평균\ 유통\ 보통주식수}$
주가수익률 (PER)	$주가수익률 = \dfrac{주당\ 주식\ 시가}{주당이익} \times 100$
주가장부가치비율 (PBR)	$주가장부가치비율 = \dfrac{주식의\ 가격}{주당\ 순자산\ 장부가치} \times 100$

배당률과 배당수익률	① 배당률 $= \dfrac{\text{주당 배당금}}{\text{액면가액}} \times 100$ ② 배당수익률 $= \dfrac{\text{주당 배당금}}{\text{주당 주식 시가}} \times 100$
배당성향과 유보성향	① 배당성향 $= \dfrac{\text{배당금}}{\text{당기순이익}} \times 100$ ② 유보성향 $= \dfrac{\text{당기순이익} - \text{배당금}}{\text{당기순이익}} \times 100$

⑷ 활동성비율

활동성비율은 기업이 소유하고 있는 자산의 효과적인 이용 정도를 측정하는 비율이다.

매출채권회전율	매출채권회전율 $= \dfrac{\text{매출액}}{\text{평균매출채권}^*}$ (회) * 평균매출채권: (기초매출채권 + 기말매출채권) × 1/2

재고자산회전율	① 매출액기준: $\dfrac{\text{매출액}}{\text{평균재고자산}^*}$ (회)
	
	② 매출원가기준: $\dfrac{\text{매출원가}}{\text{평균재고자산}^*}$ (회)
	
	   * 평균재고자산: (기초재고자산 + 기말재고자산) × 1/2
	↰ **영업주기**
	   영업주기 = 매출채권 평균회수기간 + 재고자산 평균회전기간
	                ⇧ ⇧
	     (= 365일/매출채권회전율) (= 365일/재고자산회전율)

자본회전율	① 총자본회전율 $= \dfrac{\text{매출액}}{\text{총자본}(= \text{총자산})}$ (회) ② 자기자본회전율 $= \dfrac{\text{매출액}}{\text{자기자본}}$ (회)

제12장 회계변경 및 오류수정

1. 회계변경

회계변경이란 재무보고 목적으로 선택한 회계기준의 적용방법이나 회계적 추정치를 변경하는 것을 말한다. 전자를 회계정책의 변경이라 하고 후자를 회계추정의 변경이라 한다.

(1) 회계정책의 변경

회계정책의 변경은 재무제표의 작성과 보고에 적용하던 회계정책을 다른 회계정책으로 바꾸는 것을 말한다. 회계정책 변경의 사유가 정당한 경우에 한하여 허용한다.

> ① 한국채택국제회계기준에서 회계정책의 변경을 요구하는 경우
> ② 회계정책의 변경을 반영한 재무제표가 특정 거래, 기타 사건 또는 상황이 재무상태, 경영성과 또는 현금흐름에 미치는 영향에 대하여 신뢰성 있고 더 목적적합한 정보를 제공하는 경우

※ 세법규정에 따른 변경은 정당한 회계변경의 사유가 아니다.

구 분	분 류
일반적으로 인정하는 회계원칙(one GAAP) ⇨ 일반적으로 인정하는 회계원칙(another GAAP)	회계변경
non － GAAP ⇨ GAAP	오류수정
GAAP ⇨ non － GAAP	위배

회계정책변경의 예는 다음과 같다.

> ① 재고자산평가방법을 선입선출법에서 평균법으로 변경하는 경우
> ② 유가증권의 취득단가 산정방법을 총평균법에서 이동평균법으로 변경하는 경우
> ③ 유형자산·무형자산에 대한 측정방법을 원가모형에서 재평가모형으로 변경하는 경우 또는 투자부동산에 대한 측정방법을 원가모형에서 공정가치모형으로 변경하는 경우

한편, 다음의 경우는 회계정책의 최초적용이므로 회계정책의 변경으로 보지 아니한다.

> ① 과거에 발생한 거래와 실질이 다른 거래, 기타 사건 또는 상황에 대하여 다른 회계정책을 적용하는 경우
> ② 과거에 발생하지 않았거나 발생하였어도 중요하지 않았던 거래, 기타 사건 또는 상황에 대하여 새로운 회계정책을 적용하는 경우

(2) 회계추정의 변경

회계추정의 변경은 당초 추정의 근거가 되었던 상황의 변화, 새로운 정보의 획득, 추가적인 경험의 축적에 따라 지금까지 사용해오던 회계적 추정치를 바꾸는 것을 말한다. 회계추정의 변경의 예는 다음과 같다.

① 대손추정율의 변경
② 재고자산 진부화에 대한 추정치의 변경
③ 금융자산이나 금융부채의 공정가치 추정치의 변경
④ 감가상각자산의 내용연수와 잔존가치 또는 감가상각자산에 내재된 미래 경제적 효익의 기대소비행태 추정치(= 감가상각 방법)의 변경
⑤ 품질보증의무 추정치의 변경

(3) 회계변경의 특수상황

① 측정기준의 변경

측정기준의 변경은 회계추정의 변경이 아니라 회계정책의 변경에 해당한다.

② 정책변경효과와 추정변경효과를 구분할 수 없는 경우

회계변경의 속성상 그 효과를 회계정책의 변경효과와 회계추정의 변경효과로 구분하기가 불가능한 경우에는 이를 회계추정의 변경으로 본다.

2. 오류수정

오류수정이란 당기 중에 발견한 당기의 잠재적 오류나 후속기간 중에 발견한 전기이전의 오류를 재무제표의 발행·승인일 전에 수정하는 것을 말한다.

(1) 오류수정의 회계처리

오류는 회계처리방법 적용의 오류, 회계추정의 오류, 계정분류의 오류, 계산의 오류, 사실의 오용, 누락 등의 원인으로 특정의 회계처리가 잘못된 것을 말하며, 재무제표 구성요소의 인식, 측정, 표시 또는 공시와 관련하여 발생할 수 있다.
그러나 새로운 사건이 발생하는 경우 또는 추가적인 정보나 경험에 기초하여 과거의 추정을 변경하는 경우에 발생하는 수정사항은 오류에 해당하지 않고 회계추정의 변경에 해당한다.
오류수정의 회계처리방법은 다음과 같다.

① **원 칙**

전기오류로 인한 특정기간에 미치는 영향이나 오류의 누적효과를 실무적으로 결정할 수 있다면 재무제표를 소급재작성하여 전기오류를 수정하는 것을 원칙으로 한다.

② **예 외**

비교표시되는 하나 이상의 과거기간의 비교정보에 대해 특정기간에 미치는 오류의 영향을 실무적으로 결정할 수 없는 경우, 실무적으로 적용할 수 있는 가장 이른 날부터 전진적으로 오류를 수정하여 비교정보를 재작성한다.

(2) 오류의 유형

① 순이익에 영향을 미치지 않는 오류

㉠ 재무상태표 오류

재무상태표 오류란 재무상태표의 자산·부채·자본에만 영향을 미치는 오류의 유형을 말한다.

㉡ 포괄손익계산서 오류

포괄손익계산서 오류란 포괄손익계산서의 수익·비용에만 영향을 미치는 오류의 유형을 말한다.

② 순이익에 영향을 미치는 오류

순이익에 영향을 미치는 오류는 재무상태표와 포괄손익계산서 모두에 영향을 미치는 오류를 말한다. 주로 재무상태표의 자산·부채계정이 과소 또는 과대계상되면서 동시에 포괄손익계산서의 수익·비용이 과대(과소)계상되는 형태로 오류가 발생된다.

㉠ 자동조정적 오류

자동조정적 오류란 오류가 발생한 회계기간과 그 다음 회계기간의 장부가 마감되는 경우, 당해 회계오류가 자동으로 상쇄되어 오류수정분개가 필요 없는 오류의 유형을 말한다. 자동조정오류는 주로 수익이나 비용의 기간배분과 관련하여 발생하며, 단기성 자산·부채인 유동자산과 유동부채와 관련하여 발생하게 된다.

예 재고자산 오류, 선급비용·선수수익·미수수익·미지급비용의 계상오류

⊞ 〈사례1〉 재고자산 오류

> 20X1년 말 기말재고자산을 ₩10,000 과대평가하였을 경우
>
> | 재무제표 영향 | 20X1년 | 20X2년 | 20X3년 |
> |---|---|---|---|
> | 기초재고자산 | – | ₩10,000 과대 | |
> | 기말재고자산 | ₩10,000 과대 | – | |
> | 매출원가 | ₩10,000 과소 | ₩10,000 과대 | |
> | 당기순이익 | ₩10,000 **과대** | ₩10,000 **과소** | – |
> | 기말 이익잉여금 | ₩10,000 **과대** | – | – |
>
> 20X1년도에 재고자산이 ₩10,000 과대계상되면, 20X1년도 당기순이익과 기말 이익잉여금이 ₩10,000씩 과대계상된다. 그러나 20X1년도 기말재고자산 과대계상은 20X2년 기초재고자산 과대계상으로 이어지기 때문에 20X2년도 당기순이익은 과소계상된다. 그 결과 20X2년 기말 이익잉여금은 올바로 계상된다.

⊞ 〈사례2〉 선급비용 미계상 오류

> 20X2년도 보험료 ₩20,000을 20X1년 말에 지급하면서 모두 비용처리한 경우
>
> | 재무제표 영향 | 20X1년 | 20X2년 | 20X3년 |
> |---|---|---|---|
> | 선급비용 기초잔액 | – | ₩20,000 과소 | |
> | 선급비용 기말잔액 | ₩20,000 과소 | – | |
> | 당기 보험료 | ₩20,000 과대 | ₩20,000 과소 | |
> | 당기순이익 | ₩20,000 **과소** | ₩20,000 **과대** | – |
> | 기말 이익잉여금 | ₩20,000 **과소** | – | – |
>
> 20X1년도에 선급비용 ₩20,000을 인식하지 않으면, 20X1년도 당기순이익과 기말 이익잉여금이 ₩20,000씩 과소계상된다. 그 결과 20X2년 기초선급비용이 ₩20,000 과소계상되나, 20X2년 중에 보험기간이 경과되므로 20X2년 기말선급비용은 올바르게 계상된다. 한편 20X2년 중에 보험료를 인식하지 않기 때문에 20X2년도 보험료가 ₩20,000 과소계상되고 당기순이익은 ₩20,000 과대계상되며, 그 결과 20X2년 기말 이익잉여금은 올바로 계상된다.

ⓛ 비자동조정적 오류

비자동조정적 오류란 오류가 발생한 회계기간과 그 다음 회계기간의 장부가 마감되는 경우에도 당해 회계오류가 자동으로 상쇄되지 않아 오류수정분개가 필요한 유형을 말한다. 비자동조정적 오류 역시 주로 수익이나 비용의 기간배분과 관련하여 발생하지만, 장기성 자산·부채인 비유동자산과 비유동부채와 관련하여 발생하게 된다.

🔲 예 감가상각비 오류, 자본적지출과 수익적지출의 분류 오류

⊡ 〈사례3〉 감가상각비 과소계상 오류

20X2년도 감가상각비를 ₩2,000 과소계상한 경우

재무제표 영향	20×1년	20×2년	20×3년
당기 감가상각비	₩2,000 과소	–	
감가상각누계액	₩2,000 과소	₩2,000 과소	₩2,000 과소
당기순이익	₩2,000 과대	–	
기말 이익잉여금	₩2,000 과대	₩2,000 과대	₩2,000 과대

20X1년도에 감가상각비를 과소계상하면 내용연수가 경과되거나 중도에 처분하기 전까지는 과소계상으로 인한 효과가 상쇄되지 않음을 알 수 있다. 이 경우에는 오류발견연도에 소급수정하는 회계처리가 필요하다.

⊡ 회계변경과 오류수정의 회계처리

구 분		회계처리
회계변경	회계정책의 변경	• 원칙 : 소급법 • 예외 : 소급 전진법 (누적효과를 실무적으로 결정할 수 없는 경우)
	회계추정의 변경	• 원칙 : 전진법
오류수정		• 원칙 : 소급법 • 예외 : 소급 전진법 (누적효과를 실무적으로 결정할 수 없는 경우)

3. 회계변경과 오류수정의 회계처리

(1) 소급법

소급법이란 기초시점에서 회계변경의 누적효과 또는 오류수정의 누적효과를 계산하여 전기이월이익잉여금에서 수정하고 비교재무제표를 새로운 정책을 적용하여 재작성하는 방법이다. 이 방법은 재무제표의 기간별 비교가능성을 유지할 수 있고 회계변경을 억제하는 효과가 있다는 장점이 있는 반면에 재무제표의 신뢰성이 상실될 가능성이 높으며 실무적으로 적용하기가 어렵다는 단점이 있다.

(2) 당기일괄처리법

당기일괄처리법이란 기초시점에서 회계변경의 누적효과 또는 오류수정의 누적효과를 계산하여 포괄손익계산서에 당기손익으로 반영하는 방법이다. 이 방법은 재무제표의 신뢰성을 유지할 수 있고 변경효과를 한눈에 파악할 수 있다는 장점이 있는 반면에 기간별 비교가능성이 저하되며 변경효과가 당기손익에 반영되어 이익조작목적으로 사용될 가능성이 있다는 단점이 있다.

(3) 전진법

전진법이란 회계변경이 있더라도 회계변경의 누적효과를 따로 계산하지 않고 당기와 당기 이후 기간에 반영하는 방법이다. 이 방법은 실무적용이 간편하고 재무제표의 신뢰성을 유지할 수 있다는 장점이 있는 반면에 비교가능성이 저하되고 회계변경의 효과를 파악하기 어렵다는 단점이 있다.

구 분	소급법	당기법	전진법
방 법	누적효과 계산 ⇨ 기초잉여금 수정	누적효과 계산 ⇨ 당기손익에 반영	누적효과 계산하지 않음
	당기부터 새로운 원칙(추정)적용	당기부터 새로운 원칙(추정)적용	당기부터 새로운 원칙(추정)적용
과거 재무제표	수정함	수정하지 않음	수정하지 않음
장 점	비교가능성 유지	신뢰성 유지	신뢰성 유지
단 점	신뢰성 저하, 복잡	비교가능성 저하 이익조작 가능성	비교가능성 저하 회계변경효과 파악 곤란

원가 · 관리회계

PART 02 원가 · 관리회계

제1장 원가 · 관리회계 일반

Thema 01 원가의 기본개념

1. 원가회계

(1) **의의**: 제품 또는 용역의 생산에 소비된 원가를 기록 · 계산 · 집계하는 회계를 원가회계라 한다.

(2) **원가회계의 목적**

① 재무제표 작성에 필요한 원가자료의 제공

② 원가통제 · 관리에 필요한 원가자료의 제공

③ 경영의사 결정에 필요한 원가자료의 제공

④ 판매가격 계산에 필요한 원가자료의 제공

⑤ 예산편성 및 예산통제에 필요한 원가자료의 제공

2. 원가와 원가계산

(1) **원가**(原價 Cost)**의 뜻**

원가란 재화나 용역을 생산하는 과정에서 소비된 재료원가, 노무원가, 제조경비를 통합한 모든 경제적 가치이다.

(2) **원가의 특징**

① 원가는 재화나 용역의 생산과정에서 소비되는 경제적 가치를 말한다.

② 원가는 정상적인 제조과정에서 발생하는 것만 포함된다.

(3) **원가와 비용과의 관계**

① **원가와 비용**

원 가	제품의 제조 또는 판매를 위하여 소비된 경제적 가치
비 용	일정한 기간에 기업의 수익을 얻기 위하여 소비된 경제적 가치

② **원가의 변형과정**: 원가의 발생 ⇨ 원가의 변형 ⇨ 원가의 소멸

소멸된 원가 중 수익창출에 기여한 원가는 비용이 되며, 미소멸된 원가는 자산으로 남는다.

구 분			분 류
미래 경제적 효익 존재	미소멸원가		자산
미래 경제적 효익 없음	소멸원가	수익창출활동에 기여	비용(매출원가)
		수익창출활동에 기여못함	손실

(4) 비원가 항목

① 제품의 생산과 관계없는 가치의 감소
② 제조활동에 관계가 있더라도 비정상적인 상태에서 발생하는 가치의 감소
③ 기업의 목적과 상반되는 가치의 감소

3. 원가의 분류

(1) 발생형태에 따른 분류(= 원가의 3요소)

재료원가 (재료비)	제품의 제조를 위해 소비된 원재료의 가치
노무원가 (노무비)	제품의 제조에 투입된 노동력의 대가
제조경비	재료원가와 노무원가를 제외한 제품의 제조에 소비된 원가요소의 가치

(2) 제품에의 추적 가능성(원가 집계 방법)에 따른 분류

직접비 (직접원가)	특정 제품의 제조에 개별적으로 발생한 원가로서 해당 제품에 바로 집계(= 부과)되는 원가
간접비 (간접원가)	여러 종류의 제품 제조를 위하여 공통적으로 발생하는 원가로서, 소비액을 집계한 후, 이를 적절한 배부기준에 의하여 제품별로 할당(= 배부)

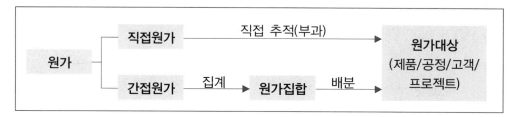

⊞ 원가의 구성도

			판매이익	판매가격
		판매관리비	판매원가 (총원가)	
	제조간접원가*	제조원가		
직접재료원가 직접노무원가 직접경비	직접원가			

* 제조간접원가 = 간접재료원가 + 간접노무원가 + 간접경비

⑶ **조업도와의 관계에 따른 분류**

조업도란 생산 능력의 이용도로서 생산 설비를 이용하여 생산 활동을 하는 정도를 말하며, 제품의 생산량, 또는 작업 시간 등으로 측정 표시된다.

① **고정비**(고정원가)

조업도의 변동에 관계없이 항상 일정하게 발생하는 원가를 말한다.

⊞ 순수고정비와 준고정비

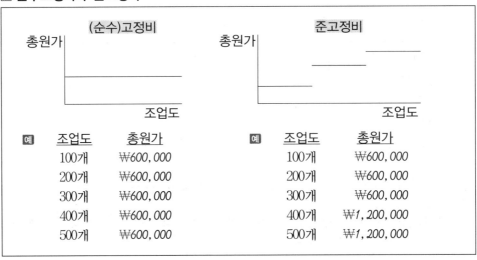

	조업도	총원가		조업도	총원가
예	100개	₩600,000	예	100개	₩600,000
	200개	₩600,000		200개	₩600,000
	300개	₩600,000		300개	₩600,000
	400개	₩600,000		400개	₩1,200,000
	500개	₩600,000		500개	₩1,200,000

순수고정원가	조업도의 변동에 관계없이 항상 원가총액이 일정하게 발생하는 원가를 말한다. 원가총액은 일정하나 조업도가 증가하면 단위당 원가는 감소하고, 조업도가 감소하면 단위당 원가는 증가하는 반비례 형태의 원가이다. 예 임차료, 감가상각비, 보험료 등
준고정원가	특정 범위의 조업도에서는 일정한 금액이 발생하지만, 조업도가 이 범위를 벗어나면 일정액만큼 증가 또는 감소하는 원가를 말하며 계단원가라고도 한다. 예 일정범위 내의 종업원 감독자 급여, 포장지 등

② **변동비**(변동원가)

조업도의 변동에 따라 원가 발생 총액이 증감하는 원가를 말하며, 조업도의 증감 정도와 원가 발생 총액의 증감 정도에 따라 비례비, 체감비, 체증비로 구분된다.

⊞ **순수변동비와 준변동비**

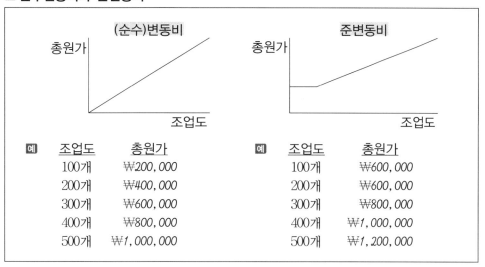

	(순수)변동비		준변동비	
예	조업도	총원가	조업도	총원가
	100개	₩200,000	100개	₩600,000
	200개	₩400,000	200개	₩600,000
	300개	₩600,000	300개	₩800,000
	400개	₩800,000	400개	₩1,000,000
	500개	₩1,000,000	500개	₩1,200,000

순수변동원가	조업도의 변동에 정비례하여 총원가가 변동하는 원가를 말하며, 조업도의 증감에 따라 총원가가 증감하며, 단위당 원가는 일정한 형태의 원가이다. 예 직접재료원가, 직접노무원가 등
준변동원가	고정원가와 변동원가의 두 부분으로 구성된 원가를 말하며 혼합원가라고도 한다. 따라서 준변동원가는 조업도가 0(zero)일 때에도 고정원가만큼의 원가가 발생하며 조업도가 증가함에 따라 비례적으로 증가한다. 예 기본요금이 있고 추가사용에 따라 요금이 부과되는 전화요금, 휴대폰 요금 등

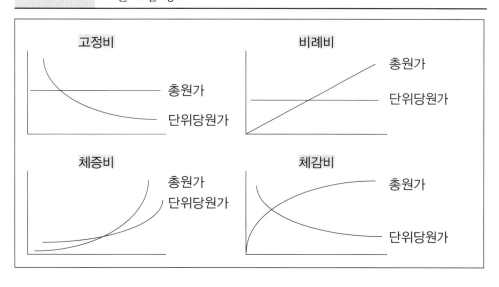

구 분	의의 및 분류			사 례
고정원가	조업조의 증감에 무관하게 소비액이 일정한 원가			임차료, 감가상각비
변동원가	조업도의 변동에 따라 소비액이 변동하는 원가	비례비	조업도의 증감에 비례하여 증감	직접재료, 직접임금
		체증비	조업도의 증가에 따라 체증하는 원가	근무 외 작업수당
		체감비	조업도의 증가에 따라 체감하는 원가	동력비, 연료비

⑷ 제조활동과의 관련성에 따른 분류

제조원가	제품을 생산·제조·가공하기 위하여 소비된 원가			
	기초원가 (기본원가, 주원가)	직접재료원가 (Direct Materials, DM)		
		직접노무원가 (Direct Labor, DL)	가공원가 (전환원가 또는 가공비)	
		제조간접원가 (Over Head Costs, OH)		
비제조원가	제조활동과 직접적인 관련이 없이 판매 및 기업의 관리 활동과 관련하여 발생한 원가			

⑸ 제조형태에 따른 분류

개별원가계산	조선업, 건축업 등과 같이 개별 생산형태의 기업에서 채용되는 원가계산제도
종합원가계산	제과업, 제지업, 제당업 등과 같이 종류나 규격이 같은 제품을 연속, 대량 생산하고 있는 기업에서 채용되는 원가계산제도

⑹ 원가 측정 방법에 따른 분류

실제원가계산	모든 원가요소(재료원가, 노무원가, 제조간접원가)를 실제 발생액을 기준으로 제품원가를 측정하는 방법
정상원가계산	직접재료원가와 직접노무원가는 실제 발생액을 기준으로, 제조간접원가는 예정배부액을 기준으로 제품원가를 측정하는 방법
표준원가계산	모든 원가요소를 표준원가를 기준으로 제품원가를 측정하는 방법

구 분	실제원가계산	정상원가계산	표준원가계산
직접재료원가	실제수량 × 실제단가	실제수량 × 실제단가	표준허용수량×표준단가
직접노무원가	실제시간 × 실제임률	실제시간 × 실제임률	표준허용시간×표준임률
제조간접원가	실제배부기준 × 실제 배부율	실제배부기준 × 예정 배부율	표준허용시간 × 표준 배부율

(7) 원가계산 범위에 따른 분류

전부원가계산 (흡수원가계산)	직접재료원가, 직접노무원가, 변동제조간접원가뿐만 아니라 고정제조간접원가를 모두 포함한 금액을 제품원가에 포함시키는 원가계산방법
변동원가계산 (직접원가계산)	직접재료원가, 직접노무원가, 변동제조간접원가만 제품원가에 포함시키고 고정제조간접원가는 기간비용으로 처리하는 방법

⊡ 원가회계시스템의 종류

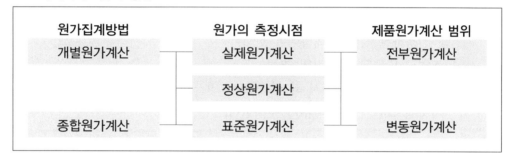

(8) 의사 결정과의 관련성에 따른 분류

기회원가 (기회비용)	재료·노동·설비 등의 자원을 최선의 용도가 아닌 차선의 용도에 사용한다면 얻을 수 있는 최대의 효익을 의미. 즉, 어떠한 자원을 여러 가지의 선택안 중 하나를 선택하여 사용함으로써 다른 대체안을 포기한 결과 상실하게 되는 최대수익을 화폐액으로 측정한 것
매몰원가	이미 발생한 원가로서 의사 결정과 관련이 없는 원가
차액원가	여러 가지 대체안들을 비교하여 의사 결정을 하는 경우, 특정 대체안과 다른 대체안과의 총원가의 차이
관련원가	의사 결정을 위해서는 둘 이상의 대체안이 존재하게 되는데 이 경우에 둘 이상의 대체안 간에 차이가 나는 기대되는 미래원가를 말하는 것으로 직접적으로 관련이 있는 원가
현금지출원가	특정 대안을 선택함으로 인하여 실제 현금 유출이 있는 원가
회피가능원가	특정의 선택안을 중단하거나 변경할 경우 더 이상 발생하지 않는 원가를 말한다. 회피 불능 원가는 특정 선택안을 중단하여도 계속해서 발생하는 원가

4. 원가추정과 원가행태

(1) 원가추정의 의의

원가추정이란 과거 또는 현재의 회계자료를 이용하여 원가(Y, 종속변수)와 조업도(X, 독립변수)사이의 관계를 규명한 후 미래원가를 추정하는 것을 말한다.

> [원가추정 등식] $y' = a + bx$
>
> y' : 추정된 총원가 a : 추정된 총고정비
> b : 조업도 단위당 변동비 추정치 x : 조업도

(2) 원가추정방법

① 고저점법

고저점법은 가장 높은 최고조업도와 가장 낮은 최저조업도의 원가자료를 대표적인 두 점으로 선택하여 원가함수를 추정하는 방법이다. 최고점과 최저점을 산정하는 데 있어서 원가를 기준으로 선정하는 것이 아니라 조업도의 최고점과 최저점을 선정하는 점에 주의하여야 한다.

㉠ 조업도 단위당 변동비의 추정

최고조업도의 원가에서 최저조업도의 원가를 차감한 금액을 최고조업도와 최저조업도의 차이로 나누어 추정한다.

> $y = a + bx$라고 원가함수를 가정할 때
> $$b(단위당변동비) = \frac{최고조업도에서의\ 총원가 - 최저조업도에서의\ 총원가}{최고조업도 - 최저조업도}$$

㉡ 총고정비의 추정

총고정비는 앞서 추정한 조업도 단위당 변동비를 이용하여 최고조업도 또는 최저조업도의 원가자료에 대입하여 산정한다.

> a(총고정비) = 최고조업도에서의 총원가 - 단위당변동비 × 최고조업도
> = 최저조업도에서의 총원가 - 단위당변동비 × 최저조업도

② 학습곡선

종업원이 특정 작업을 계속·반복적으로 수행함에 따라 숙련도가 향상되어 평균노무시간이 감소하는데 이를 학습효과라 한다.

학습곡선이란 학습효과에 의하여 독립변수인 생산량이 증가하여 누적생산량이 2배가 될 때마다 종속변수인 단위당평균노무시간이 일정한 비율(학습률)로 감소하는

것을 나타내는 비선형원가함수를 말한다. 이와 같은 학습곡선은 직접노무원가와 직접노무시간을 기준으로 배부한 제조간접원가 등에서 나타난다.

- **예** 학습률 80%, 제품 1단위 생산하는데 노무시간이 10시간일 경우, 누적생산량 4단위의 총노무시간 계산

누적생산량	단위당 평균노무시간	총노무시간
1단위	10시간	10시간
2단위	8시간(= 10시간 × 80%)	16시간
4단위	6.4시간(= 8시간 × 80%)	25.6시간

⤷ 누적생산량 4단위의 단위당 노무시간은 6.4시간, 총노무시간은 25.6시간으로 총노무시간의 증가는 15.6시간이다.

Thema 02 \ 원가의 흐름

1. 원가의 3요소

(1) 재료원가

제품을 생산하기 위해 투입된 재료원가를 의미한다.

재　　　료

| 월초재고액(전월이월) | ××× | 소 비 액(원재료 투입액) | ××× |
| 당월매입액 | ××× | 월말재고액(차월이월) | ××× |

※ 당월재료 소비액 = 월초재료재고액 + 당월재료매입액 − 월말재료재고액

(2) 노무원가

제품을 생산하기 위해 투입된 노동력에 대한 대가를 의미한다.

임　　　금 (등)

| 당월지급액 | ××× | 전월미지급액(전월이월) | ××× |
| 당월미지급액(차월이월) | ××× | 소 비 액(노무비 발생액) | ××× |

※ 당월임금(노무비) 소비액 = 당월임금지급액 + 당월임금미지급액 − 전월임금미지급액

(3) 제조경비

제품을 생산하기 위해 소비되는 재료원가, 노무원가 이외의 모든 원가요소를 의미한다.

각 종 경 비

전월선급액(전월이월)	×××	소 비 액(제조경비 발생액)	×××
당월지급액	×××	당월선급액(차월이월)	×××

※ 당월경비 소비액 = 전월경비선급액 + 당월경비지급액 − 당월경비선급액

2. 원가의 흐름

(1) 재료원가

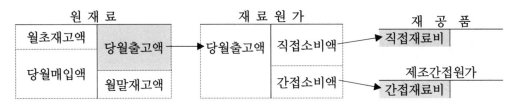

(2) 노무원가

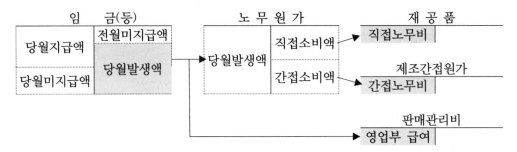

(3) 제조경비

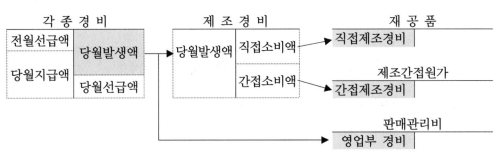

(4) 제조간접원가

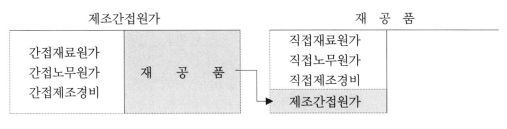

🔲 제조간접원가 대체분개

제조간접원가의 대체	(차) 재　공　품　×××　　(대) 제 조 간 접 원 가　×××

(5) 재공품

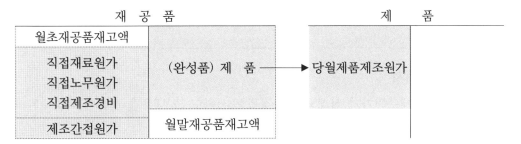

※ 직접재료원가 + 직접노무원가 + 직접경비 + 제조간접원가 ＝ 당월총제조원가

※ 월초재공품 + 당월총제조원가 − 월말재공품 ＝ 당월제품제조원가

🔲 당월 완성품 제조원가 대체분개

당월 완성품의 대체	(차) 제　　　품　×××　　(대) 재　공　품　×××

(6) 제 품

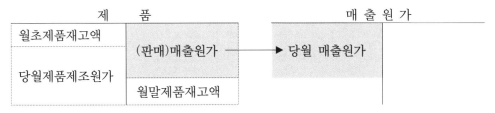

※ 월초제품재고액 + 당월제품제조원가 − 월말제품재고액 ＝ 매출원가

🔲 당월 매출품 제조원가 대체분개

당월 매출품의 대체	(차) 매 출 원 가　×××　　(대) 제　　　품　×××

⊡ 원가의 흐름 도해

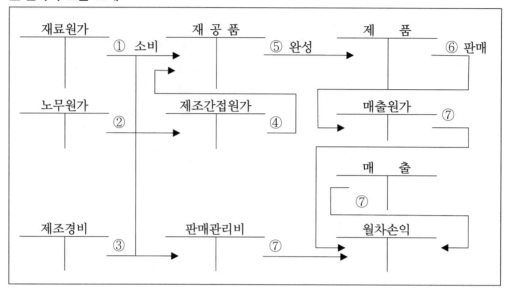

⑺ 제조원가명세서

당기 제품의 제조원가가 집계되는 과정을 표시하고 그 내용을 명확히 나타내는 재무
제표(손익계산서)의 필수적 부속명세서이다.

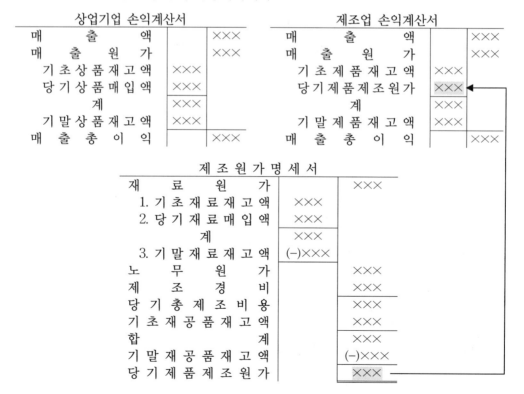

제2장 | 원가의 배분

1. 원가배분

(1) 원가배분의 의의

원가배분: 공통원가를 일정한 배분기준에 따라 각 원가대상에 대응시키는 과정

원가대상: 원가가 개별적으로 집계되는 단위(부문, 제품)

원가대상	공통원가	원가배분의 내용
부 문	보조부문원가	보조부문의 원가를 제조부문에 배분한다.
제 품	제조간접원가	제조간접원가를 각 제품에 배분한다.

(2) 원가배분의 목적

① 외부보고를 위해 재고자산을 평가하고 매출원가를 계산

② 최적의 자원배분을 위한 경제적 의사결정에 유용한 정보를 제공

③ 제품가격결정 및 제품선택 의사결정

④ 경영자나 부문책임자, 종업원의 동기부여 및 성과평가

(3) 원가배분기준

원가배분기준에는 가장 이상적인 방법인 인과관계기준 및 수혜기준, 부담능력기준, 공정성과 공평성기준 등이 있다.

2. 제조간접원가의 배부

(1) 제조간접원가

특정 제품이 아닌 여러 제품을 제조하기 위하여 공통적으로 발생하는 원가요소를 말한다.

(2) 제조간접원가의 배부방법

① **실제배부법**

원가계산기말에 실제로 발생한 제조간접원가를 각 제품에 배부하는 방법

㉠ 가액법

| 제조간접원가 배부율 | 제조간접원가 합계 ÷ 배부기준 합계 |
| 특정제품의 제조간접원가 배부액 | 특정제품의 배부기준 × 배부율 |

특정제품의 제조간접원가 배부액 = 제조간접원가 합계 × $\dfrac{\text{특정제품의 배부기준}}{\text{배부기준}^{*}\ \text{합계}}$

* 직접재료원가, 직접노무원가, 직접원가

㉡ 시간법

제품을 제조하기 위하여 소비된 직접노동시간 또는 기계작업시간을 기준으로 배부하는 방법이다.

특정제품의 제조간접원가 배부액 = 제조간접원가 합계 × $\dfrac{\text{특정제품의 배부기준}}{\text{배부기준}^{*}\ \text{합계}}$

* 직접노동시간, 기계작업시간

② 예정배부법

제조간접원가 예정배부율을 미리 계산하여 두었다가 제품이 완성되면 이를 이용하여 각 제품에 배부할 제조간접원가를 구하는 방법을 말한다.

(3) 제조간접원가의 예정배부(정상원가계산, 평준화원가계산)

① 예정배부의 의의

제조간접원가의 예정배부란 연초에 미리 그 해의 생산량을 고려하여 제조간접원가 총액을 추산하고 그것을 각 제품에 배부하는 방법을 말한다. 이처럼 직접재료원가와 직접노무원가는 실제액으로 계산하는데 비해서 제조간접원가는 예정배부액을 사용하여 원가를 계산하는 방법을 정상원가계산 또는 평준화원가계산이라고 한다.

② 제조간접원가 예정배부

제조간접원가 예산	예정조업도를 근거로 제조간접비예산을 추정
예정조업도	정상조업도 또는 기준조업도(직접노동시간 등)
예정배부율	제조간접비 연간예상액 ÷ 정상조업도
특정제품의 제조간접원가 예정배부액	특정제품의 실제배부기준 × 예정배부율

③ **제조간접원가 배부차이의 조정**

㉠ 배부차이

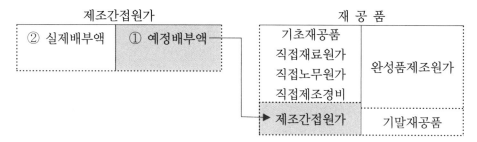

⊞ **제조간접비 배부차이**

④ **제조간접원가 배부차이(차액)의 회계처리 방법**

비례배분법	연간 재공품, 제품, 매출원가에 배분하는 방법
매출원가 가감법	전액 매출원가에 가감하는 방법
기타손익법	전액 기타손익으로 처리

제조간접원가(OH)		
실제발생액 ××	예정배부액 ××	
	OH배부차액 ××	

제조간접원가(OH)		
실제발생액 ××	예정배부액 ××	
OH배부차액 ××		

재고자산, 매출원가	
원가발생액 ××	
OH배부차액 ××	

재고자산, 매출원가	
원가발생액 ××	OH배부차액 ××

* 과소배부 : 재고자산(재공품·제품)·매출원가 증가(가산)
* 과다배부 : 재고자산(재공품·제품)·매출원가 감소(차감)

3. 부문별 원가계산

(1) 의 의

제조간접원가를 각 제품에 정확하게 배부하기 위하여 그 발생장소인 부문별로 원가를 분류·집계하는 절차이다.

(2) 부문별 원가계산의 목적

① 제조간접원가의 정확한 배부
② 부문별 원가관리·통제
③ 반제품 등 중간제품의 원가산정

(3) 원가부문의 분류

제조부문		제품을 직접 제조하는 부문 예 주조부, 선반부, 조립부, 기계부 등
보조 부문	보조용역부문	제조활동에 직접 관여하지 않고 제조부문에 생산한 제품 또는 용역을 제공하는 부문 예 동력부, 용수부, 수선부, 운반부 등
	공장관리부문	공장의 관리사무를 담당하는 부문 예 공구관리부, 공장사무관리부, 연구개발부 등

(4) 부문비 계산절차

① 1단계: 부문직접비의 부과
② 2단계: 부문간접비의 배부
③ 3단계: 보조부문비의 배부
④ 4단계: 제조부문비를 제품에 배부

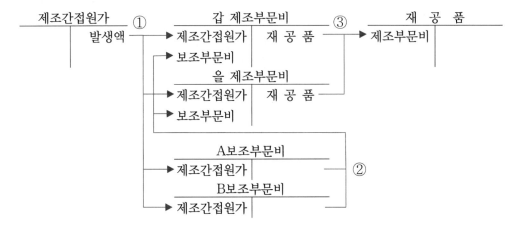

(5) 부문비의 배부

① 부문직접비의 부과

부문직접비(개별비)는 특정부문에서 개별적으로 발생하는 원가로서 그 부문(제조부문, 보조부문)에 직접 부과하는 원가요소이다.

② 부문간접비의 배부

부문간접비는 부문공통비라고도 하며, 각 부문별로 추적할 수 없는 제조간접원가로서 일정한 배부기준에 따라 제조부문 및 보조부문에 배부한다.

(6) 보조부문비의 배부

보조부문비를 제조부문에 대체하는 방법에는 보조부문 상호간의 용역수수의 반영여부에 따라 다음의 세 가지가 있다.

① 직접배부법

보조부문 상호간의 용역수수를 완전 무시하고 보조부문비를 직접 제조부문에 배부(대체)하는 방법이다.

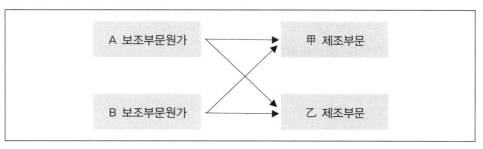

② 상호배부법

보조부문 상호간의 용역수수를 완전 고려하여 배부하는 방법이다.

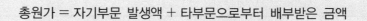

총원가 = 자기부문 발생액 + 타부문으로부터 배부받은 금액

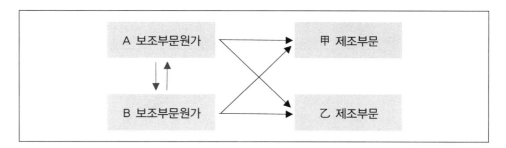

③ 단계식배부법

보조부문들 간에 일정한 배부순서를 정한 다음, 그 배부순서에 따라 보조부문비를 단계적으로 제조부문과 다른 보조부문에 배부하는 방법이다.

> 일반적인 배부기준
> ① 타보조부문에 대한 용역제공비율이 큰 보조부문부터 배분하는 방법
> ② 용역을 제공하는 부문수가 많은 보조부문부터 배분하는 방법
> ③ 원가가 큰 보조부문부터 배분하는 방법

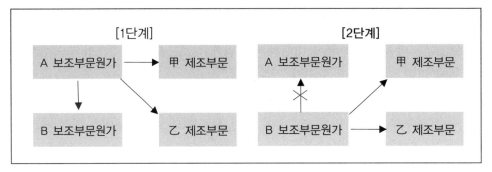

※ (주의) 먼저 배부완료된 보조부문에 재배부하지 않는다.

④ 단일배분율법과 이중배분율법

단일배분율법	보조부문원가를 변동원가와 고정원가로 구분하지 않고 모든 보조부문의 원가를 하나의 기준으로 배부하는 방법
이중배분율법	보조부문원가를 원가행태에 따라 변동원가와 고정원가로 구분하여 각각 다른 배분기준을 적용하는 방법 • 변동원가: 실제사용량을 기준으로 배분 • 고정원가: 제조부문에서 사용할 수 있는 최대사용가능량을 기준으로 배분

구 분	직접배분법	단계배분법	상호배분법
단일배분율법	○	○	○
이중배분율법	○	○	○

4. 활동기준원가계산

(1) 의 의

제조간접원가를 정확히 배부하기 위해서 전통적인 배부기준인 조업도(직접노동시간 등) 대신에 제조간접원가의 발생원인인 활동(작업준비, 노동지원, 자재관리 등)을 기준으로 제조간접원가를 배부하는 원가계산시스템을 활동기준원가계산(activity-based costing, ABC)이라고 한다.

(2) 활동기준원가계산의 도입배경

① 전통적 배부기준에 대한 비판(새로운 배부기준의 필요성)
② 직접노무원가의 감소, 제조간접원가의 증가
③ 원가개념의 확대 – 제품수명주기 원가계산의 등장
④ 정보수집기술의 발달

(3) 활동원가계산의 장·단점

① 장 점

㉠ 원가를 다양하고 세분화한 원가대상인 활동별로 집계하고 각 활동별로 적절한 배부기준을 사용하여 원가를 배부하기 때문에 원가계산이 정확해진다.
㉡ 활동분석을 통하여 불필요한 비부가가치활동을 제거하거나 감소시킴으로써 생산시간을 단축할 수도 있고 활동별로 원가를 관리함으로써 원가절감이 가능하다.
㉢ 활동기준원가계산은 의사결정과 성과평가에 유용하다.
㉣ 원가절감이나 성과평가를 위하여 부품의 수, 품질검사시간, 작업준비횟수 등의 비재무적인 측정치를 강조함으로서 현장관리자가 이해하고 받아들이기가 용이하며 의사소통이 원활해져 장기적으로는 회사전체의 효율성이 향상된다.

② 단 점

㉠ 활동분석과 원가동인의 파악에 소요되는 비용과 시간이 크다.
㉡ 제조간접원가 중 원가동인을 파악할 수 없는 설비유지활동(공장의 감독자 급료, 공장 감가상각비, 사장의 급료 등)에 대해서는 전통적 배부기준을 사용하여 배부할 수밖에 없다.
㉢ 제조간접원가를 발생시키는 기업의 활동을 명확하게 정의하고 구분하기 곤란하다.
㉣ 새로운 체제로 전환하게 되면 기존 체제에 익숙한 구성원들이 반발할 수 있다.

ⓐ 제조간접원가를 발생시키는 원가동인의 감소자체가 목표로 될 가능성이 있어 대량생산으로 기울어질 수 있으므로 다양한 고객욕구에 대응하는 경영방침과 모순될 가능성이 있다.

⊞ **원가계산의 비용과 효익관계**

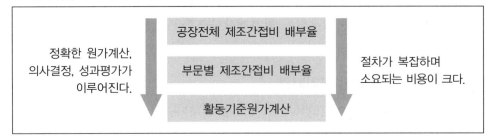

정확한 원가계산, 의사결정, 성과평가가 이루어진다.

공장전체 제조간접비 배부율

부문별 제조간접비 배부율

활동기준원가계산

절차가 복잡하며 소요되는 비용이 크다.

(4) 활동의 종류

단위수준활동	제품생산량에 따라 비례하는 활동 (예 직접재료투입활동, 동력소비활동, 직접노동활동, 기계활동)
배치수준활동	다양한 제품을 교대로 배치생산이 이루어질 때마다 수행되는 활동 (예 준비작업활동, 금형교환활동 등)
제품유지활동	제품종류의 유무에 따라 특정제품을 회사의 생산 품목으로 유지하는 활동(예 특정제품의 설계와 연구개발 및 A/S활동)
설비유지(수준)활동	다양한 제품생산을 위하여 기본적인 설비유지를 위한 활동 (예 공장관리활동, 건물임차활동, 안전유지활동)

(5) 활동원가계산의 절차

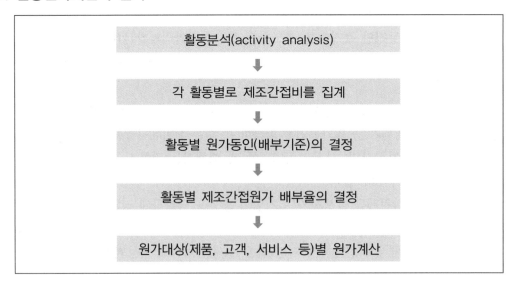

활동분석(activity analysis)

↓

각 활동별로 제조간접비를 집계

↓

활동별 원가동인(배부기준)의 결정

↓

활동별 제조간접원가 배부율의 결정

↓

원가대상(제품, 고객, 서비스 등)별 원가계산

제3장 제품별 원가계산

1. 개별원가계산

(1) 개별원가계산의 의의

제품의 종류, 규격이 다른 개별생산형태(건설업, 조선업, 기계제작업 등)의 공업기업에서 작업별로 원가를 집계하여 제품별로 원가계산을 하는 방법

(2) 개별원가계산의 절차

① 요소별(재료원가, 노무원가, 제조경비) 원가계산

② 직접원가와 간원가비로 분류하여 직접원가는 부과, 간접원가는 배부

③ 원가계산표 작성, 마감

④ 재공품, 제품 계정에의 대체

(3) 개별원가계산의 방법

① 실제개별원가계산

실제발생된 재료원가, 노무원가, 제조간접원가를 이용하여 제품원가 산출

$$제조간접원가\ 배부율 = \frac{제조간접원가\ 실제발생액}{실제배부기준}$$

② 예정개별원가계산(정상원가계산)

재료원가와 노무원가는 실제원가로, 제조간접원가는 예정액을 사용하여 제품원가 산출

$$제조간접원가\ 배부율 = \frac{제조간접원가\ 연간예정액}{연간예정\ 배부기준}$$

2. 종합원가계산

(1) 종합원가계산의 의의

종합원가계산이란 동일공정에서 동일한 규격의 제품을 연속적으로 대량생산하는 업종에 적용되는 원가계산 형태로서, 1원가계산기간에 발생한 원가를 동기간의 완성품 수량으로 나누어서 평균원가인 제품의 단위당 원가를 계산하는 방법이다.

> ☑ **종합원가계산의 특성**
>
> ① 동일공정의 제품은 동질적이라는 가정에 따르므로 제품의 단위당 원가가 평균화된다.
> ② 연속적 대량생산형태이므로 일정기간동안 공정별로 원가를 집계한다. 즉, 기간개념이 중요시된다.

종합원가계산은 원가의 분류가 재료원가와 가공원가(노무원가 + 제조간접원가)로 단순화되어 있다.

구 분	개별원가계산	종합원가계산
생산형태	다품종 소량 주문생산	동종제품의 연속대량생산
적용대상업종	건설업, 조선업, 항공기 제조업, 가구제작업, 기계제작업	제빙업, 제지업, 식료품, 제과업, 제분업, 정유업, 화학공업
핵심과제	제조간접원가의 배부	월말재공품의 평가 (완성품환산량 계산)
제조지시서	특정 제조지시서	계속 제조지시서
원가의 집계	각 개별작업별로 원가집계	각 공정별로 원가집계
원가의 분류	직접원가와 간접원가	재료원가와 가공원가
장 점	① 정확한 원가계산이 가능 ② 제품별 손익분석이 용이하다. ③ 제품별 작업원가표(원가집계표)의 작업을 효율적으로 통제 및 평가와 계획을 용이하게 할 수 있다.	① 원가기록업무가 단순하다. ② 공장 전체의 원가통제와 특정관리계층의 책임회계 적용이 쉬워진다. ③ 제품별 회계의 기록, 계산에 소요되는 비용이 개별원가계산에 비하여 적다
단 점	① 세부적인 기록과 관리를 위해 소요되는 시간과 비용이 많다. ② 작업에 대한 원가의 기록과 계산이 복잡하여 오류발생 가능성이 높다.	① 원가계산이 상대적으로 부정확하다. ② 제품별로 정보가 적어 손익계산의 비교가 어렵다.

(2) 종합원가계산의 절차

종합원가계산은 일정 기간 발생된 제조원가와 기초재공품원가를 집계한 후 완성품
과 기말재공품에 배분하는 방법이다.

3. 기말재공품의 평가

(1) 의 의

재공품이란 제품의 생산을 위하여 현재 가공중인 미완성품을 말하며, 재공품의 평가
란 특정 원가계산기말에 완성품제조원가를 산정하기 위하여 가공 중에 있는 미완성
품을 완성품으로 환산하는 것이다.

> 완성품제조원가 = 기초재공품재고액 + 당기총제조비용 - 기말재공품재고액

(2) 재공품의 평가 절차

① **물량흐름의 파악**: 투입량과 산출량 파악

재 공 품

투입량	기초재공품수량	당기완성품수량	산출량
	당기착수수량	기말재공품수량	

② **완성품환산량의 계산**

완성품환산량이란 생산 중에 있는 미완성품을 완성품으로 환산한 것이다.

> 완성품환산량 = (기초, 기말)재공품수량 × 완성도

재료원가	제조착수시 투입	기초, 기말수량 × 완성도 100%
	제조진척시 투입	기초, 기말수량 × 완성도%
	공정 중간에 투입	월말재공품 완성도가 직접재료 투입시점 경 과 ⇨ 100% 환산 직접재료 투입시점 미경과 ⇨ 0% 환산
가공원가	제조진척시 투입	기초, 기말수량 × 완성도%
전공정비	제조착수시 투입	기초, 기말수량 × 완성도 100%

종합원가계산에서 공정별로 집계된 원가를 완성품과 기말재공품으로 배분하기 위한 기준이 필요하며, 이러한 배분기준역할을 하는 것이 완성품환산량이다.

완성품환산량 = (기초, 기말)재공품수량 × 완성도 %

㉠ 재료원가

일반적으로 공정의 착수시점 또는 중간시점에 전량 투입한다고 가정한다. 따라서 투입시점을 통과한 재공품의 재료비완성도는 100%이다.

㉡ 가공원가

가공비는 전공정에 걸쳐서 균등하게 발생한다고 가정하므로, 공정의 진척도를 산출물의 완성도로 이용한다.

③ 총원가의 집계

원가를 직접재료비와 가공비(직접노무비 + 제조간접비)로 나누어 집계한다.

④ 완성품 환산량 단위원가 계산

완성품 환산량 단위원가 = 당기총제조비용 ÷ 완성품 환산량

⑤ 완성품 원가와 기말재공품평가액 계산

기말재공품 = 기말재공품수량 × 완성품환산량 단위원가

구 분	평균법	선입선출법
기초재공품 처리 (원가배분)	당기 투입원가와 합산하여 당기 완성품과 기말재공품에 완성품환산량에 따라 배분	우선적으로 당기 완성품에 배분 (기초재공품이 먼저 투입되어 완성하는 것으로 가정)
투입 원가 (분자)	기초재공품 + 당기투입원가	당기투입원가
완성품환산량 (분모)	완성수량 + 기말환산량	완성수량 − 기초환산량 + 기말환산량
기말재공품 구성	기초재공품과 당기투입원가의 구분없이 혼합되어 구성	당기 투입원가로만 구성
장 점	계산이 상대적으로 간편	정확한 기간별 성과평가 가능
단 점	기간별 성과평가가 부정확	계산이 상대적으로 복잡

(3) 선입선출법

먼저 제조에 착수한 것이 먼저 완성된다는 가정 하에 기말재공품 원가와 완성품 원가를 계산하는 방법이다.

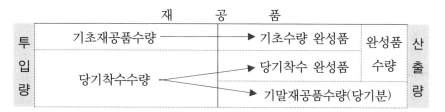

$$(공식) \ 당기총제조비용 \times \frac{기말재공품수량^*}{완성품수량 - 기초재공품수량^* + 기말재공품수량^*}$$

* 환산수량

(4) 평균법

월초재공품 원가와 당월 투입원가를 별도로 구분하지 않고 이들을 합계한 총액을 평균하여 월말재공품의 원가를 계산하는 방법이다.

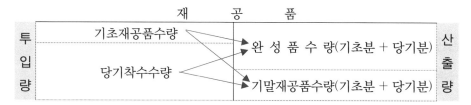

$$(공식) \ (기초재공품재고액 + 당기총제조비용) \times \frac{기말재공품수량^*}{완성품수량 + 기말재공품수량^*}$$

* 환산수량

4. 결합원가계산

(1) 결합원가와 결합제품

동일한 공정에서 동일한 종류의 원재료를 투입하여 서로 다른 2종 이상의 제품이 생산되는 경우가 있다. 이때 발생된 원가를 결합원가(joint cost)라 하며, 생산된 제품을 결합제품(joint product)이라 한다.

(2) 주산품과 부산품

수종의 결합제품의 생산시 결합제품들간에 판매가치의 비중이 서로 중요하여 우열을 가리기 어려운 경우도 있고 상대적 판매가치에 큰 차이가 나는 경우도 있다. 이때 상대적 판매가치가 중요한 품목을 주산품 또는 연산품이라 하고, 판매가치가 미미한 품목을 부산품이라 한다.

(3) 분리점과 결합원가

결합제품의 제조과정에서 각 제품의 물리적 식별이 가능한 시점을 분리점이라 하며, 결합원가는 분리점 이전까지 투입된 원가를 말한다. 분리점 이후에도 개별제품에 투입되는 원가가 있을 수 있으며, 이를 추가가공비라 한다.

(4) 결합원가의 배분

상대적 판매가치법	분리점에서 개별제품을 기준으로 배분
순실현가치법	순실현가치를 기준으로 배분 순실현가치 = 최종판매가치 − (추가가공원가 + 판매비용)
물량기준법	결합제품의 중량, 부피 등을 기준으로 배분

5. 공손품과 작업폐물, 부산물

(1) 공손의 의의

공손은 생산과정 중에 발생하는 불합격품이나 표준규격, 표준품질에 미달하는 재공품 또는 제품을 말한다.

(2) 정상공손과 비정상공손

정상공손	제품원가에 포함
비정상공손	기간비용으로 처리

(3) 공손의 회계처리

① 완전무인식법

완전무인식법은 공손을 전혀 고려하지 않는 방법으로 모든 공손을 완성품환산량 계산에 포함하지 아니한다.

② **정상인식법**

정상인식법은 공손에 대한 환산량을 인식하는 방법으로 정상공손과 비정상공손을 분리하여 정상공손은 제품원가로 처리하고, 비정상공손은 기간비용으로 처리하는 방법이다.

㉠ 정상공손원가는 검사시점을 통과한 모든 정상품의 원가에 배분한다.

구 분	공손원가의 배분대상
기말재공품이 검사시점을 통과한 경우	완성품과 기말재공품에 배분
기말재공품이 검사시점을 통과하지 못한 경우	완성품에만 배분

㉡ 공손품의 완성도(진척도)는 검사시점이다.

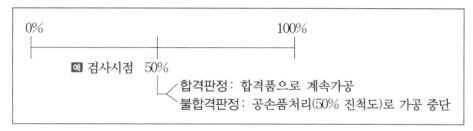

제**4**장 **전부원가계산과 변동원가계산**

1. 전부원가계산과 직접원가계산의 개념

(1) 전부원가계산과 직접원가계산의 의의

제품원가를 계산할 때 고정제조간접원가를 제품의 원가에 포함시키느냐의 여부에 따라 전부원가계산과 직접원가계산(= 변동원가계산)으로 구분한다.

구 분	제조원가
전부원가계산	직접재료원가 + 직접노무원가 + 변동제조간접원가 + 고정제조간접원가
직접원가계산	직접재료원가 + 직접노무원가 + 변동제조간접원가

(2) 직접(변동)원가계산의 특징

① 구매·제조·판매·관리활동에 소요된 모든 유형의 원가를 고정원가 요소와 변동원가 요소로 분리한다.

② 변동원가 중 제조활동과 관련된 원가만을 제품원가로 처리하고 그 외의 것은 기간비용으로 처리한다.

③ 고정원가는 모두 기간비용으로 처리한다. 따라서 고정제조간접원가는 재고자산에 포함되지 않는다.

(3) 변동원가계산의 유용성과 한계

① 유용성

　㉠ CVP분석 모형에 적합한 원가계산 방식이며 관리적 의사결정에 유리하다.

　㉡ 고정제조간접원가를 모두 기간비용으로 처리하기 때문에 원가배분의 자의성을 배제할 수 있다.

　㉢ 전부원가계산은 재고자산의 변동이 순이익에 영향을 미치지만 변동원가계산은 재고자산의 변동이 순이익에 영향을 미치지 않는다.

② 한계점

　㉠ 고정제조간접원가도 제품생산을 위해서 투입된 원가이므로 제품원가에 포함시켜야 타당하다.

　㉡ 고정제조간접원가가 재고자산에 포함되지 않으므로 재고자산이 과소평가된다.

　㉢ GAAP으로 수용되지 않고 있으며 세무회계에서 받아들여지지 않는 방법이다.

2. 전부원가계산과 직접원가계산의 비교

(1) 손익계산서 표시방법

전통적 손익계산서(전부원가계산)	
매 출 액	×××
매출원가	(−)×××
매출총이익	×××
판매관리비	(−)×××
영업이익	×××

공헌이익 손익계산서(직접원가계산)	
매 출 액	×××
변 동 비	
변동매출원가	(−)×××
변동판매관리비	(−)×××
공헌이익	×××
고 정 비	
고정제조간접원가	(−)×××
고정판매관리비	(−)×××
영업이익	×××

(2) 전부원가계산과 직접원가계산의 차이점

구 분	전부원가계산	직접원가계산
기본 목적	외부 보고(재무제표 작성)	내부 관리, 의사 결정
제품 원가	직접재료원가 직접노무원가 변동제조간접원가 고정제조간접원가	직접재료원가 직접노무원가 변동제조간접원가
기간 비용	변동판매관리비 고정판매관리비	고정제조간접원가 변동판매관리비 고정판매관리비
생산량증가에 따른 영업이익의 변화	생산량이 증가할수록 이익이 증가	생산량이 변화해도 이익은 불변
이익의 결정요인	판매량과 생산량	판매량
순이익의 대소관계 • 생산량 = 판매량 • 생산량 > 판매량 • 생산량 < 판매량	같다 크다 적다	같다 적다 크다
순이익의 조정	전부원가계산의 순이익 + 기초재고에 포함된 고정제조 간접비 - 기말재고에 포함된 고정제조 간접비 = 직접 원가계산의 순이익	직접원가계산의 순이익 + 기말재고에 포함된 고정제조 간접비 - 기초재고에 포함된 고정제조 간접비 = 전부 원가계산의 순이익

(3) 초변동원가계산

초변동원가계산은 직접재료원가만 제품원가에 포함시키고, 가공원가는 기간비용으로 처리하는 원가계산방법이다.

(4) 전부원가계산과 직접원가계산의 이익차이

전부원가계산에 의한 경우 고정제조간접원가가 제품원가에 포함되므로 판매되지 않고 재고자산에 포함된 고정제조간접원가는 다음기에 비용화되지만, 직접원가계산에 의할 경우 고정제조간접원가는 제품원가에 포함되지 않고 전액 발생년도에 비용화되므로 기말 및 기초 재고자산에 포함된 고정제조간접원가에 해당하는 금액만큼 영업이익(순이익)에 차이가 발생한다. 즉, 기말제품에 포함된 고정제조간접원가는 당기의 비용을 적게 하여 이익을 증가시키며, 기초제품에 포함된 고정제조간접원가는 당기의 비용을 크게 하여 이익을 감소시킨다.

상 황	영업이익(순이익) 차이
생산량 = 판매량 (기초 제품 = 기말 제품)	전부원가 영업이익 = 변동원가 영업이익 = 초변동원가 영업이익
생산량 > 판매량 (기초 제품 < 기말 제품)	전부원가 영업이익 > 변동원가 영업이익 > 초변동원가 영업이익
생산량 < 판매량 (기초 제품 > 기말 제품)	전부원가 영업이익 < 변동원가 영업이익 < 초변동원가 영업이익

• (생산량 − 판매량) × 단위당 고정제조간접원가 = 이익 차이
ᠭ 기말재고자산의 차이: 전부원가계산 > 변동원가계산 > 초변동원가계산

변동원가계산에 의한 영업이익을 전부원가계산에 의한 영업이익으로 전환하는 공식은 다음과 같다.

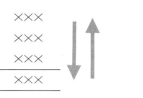

변동원가계산 영업이익	×××
+ 기말재고자산에 포함된 고정제조간접원가	×××
− 기초재고자산에 포함된 고정제조간접원가	×××
전부원가계산 영업이익	×××

• 재고자산과 단위당 고정제조간접원가가 주어진 경우 :
  변동원가계산 순이익 + (기말재고 − 기초재고) × 단위당 고정제조간접원가 = 전부원가 순이익

제5장 CVP분석

1. CVP분석

(1) 의 의

원가 − 조업도 − 이익분석(Cost − Volume − Profit analysis)이란 조업도의 단기적인 변화가 원가나 이익에 미치는 영향을 분석하는 기법으로서 기업의 단기적 의사결정에 널리 이용되고 있다. 이 분석기법은 제품가격결정, 자가제조 또는 외부구입과 관련된 의사결정 문제, 특별주문에 대한 수락여부결정 등과 관련된 의사결정에 유용하게 사용된다.

(2) CVP분석의 가정

① 모든 수익과 원가는 관련범위 내에서 선형이다.
② 모든 원가는 고정원가와 변동원가로 구분된다.
③ 고정원가는 관련범위 내에서 일정하고 관련범위 내에서 변동하지 않는다.

④ 변동원가는 조업도에 따라 비례적으로 변동한다.

⑤ 공장설비의 능률과 생산성은 일정하다.

⑥ 제품의 판매단가는 일정하다.

⑦ 원가요소의 가격은 일정하다.

⑧ 두 가지 이상의 제품을 판매하는 경우, 조업도의 변동에 따라 매출배합은 일정하다.

⑨ 수익과 원가는 하나의 조업도를 기준으로 비교된다.

⑩ 기초재고액과 기말재고액은 일정하다. 즉, 생산량과 판매량은 동일하다.

2. 손익분기점 분석

(1) 손익분기점

손익분기점(Break even Point : BEP)이란 매출액과 총비용이 일치하여 이익도 손실도 없는 판매량이나 매출액을 말한다. 즉, 총공헌이익이 총고정비와 같아지는 판매량이나 매출액을 뜻한다.

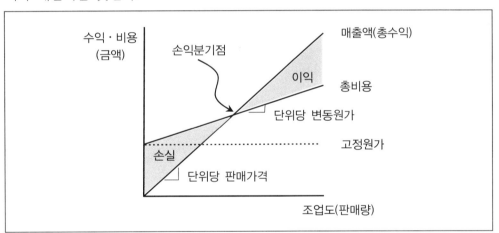

(2) 공헌이익

매출액에서 변동비를 차감한 금액을 말하는 것으로, 이 금액이 고정비를 초과할 경우 곧바로 순이익의 증가에 공헌할 수 있는 금액을 의미한다.

$$매출액(수익) - 비용(변동비+고정비) = 이익$$
$$공헌이익(P - V)Q = 매출액(PQ) - 변동비(VQ)$$
$$= (P-V)Q$$
$$= 고정비(F) + 영업이익(NI)$$
$$단위당\ 공헌이익 = 단위당\ 판매가격 - 단위당\ 변동비$$
$$P : 단위당\ 판매가격,\ V : 단위당\ 변동비,\ F : 고정비,\ Q : 판매수량$$

(3) 공헌이익률

매출액에 대한 공헌이익의 비율로서 매출액 중 몇%가 공헌이익인가를 나타낸다.

$$\text{공헌이익률} = \frac{\text{공헌이익}(P-V)Q}{\text{매출액 } PQ} = \frac{\text{단위당 공헌이익}(P-V)}{\text{단위당 판매가격}(P)} = 1 - \frac{V}{P}$$
$$= 1 - \text{변동비율}$$

(4) 손익분기점 판매량 및 매출액

① 손익분기점 판매량

손익분기점에서 영업이익은 ₩0 이므로

PQ(매출액) − VQ(변동비) − F(고정비) = ₩0(영업이익) ⋯ ⓐ

이 식을 Q에 대해서 정리하면 Q(P − V) = F

$$\text{손익분기점 판매수량} = \frac{\text{고정비}(F)}{\text{단위당 공헌이익}(P-V)}$$

② 손익분기점 매출액

ⓐ식을 PQ(매출액)로 나누면

$$1 - \frac{VQ}{PQ} - \frac{F}{PQ} = 0, \text{ 이를 PQ에 대해서 정리하면}$$

$$\text{손익분기점 매출액}(PQ) = \frac{F}{1 - \frac{V}{P}} = \frac{\text{고정비}}{1 - \text{변동비율}} = \frac{\text{고정비}}{\text{공헌이익률}}$$

$$* \text{현금흐름손익분기점} = \frac{\text{고정비} - \text{현금유출이 없는 고정비}^*}{\text{공헌이익률}} \quad (*\text{감가상각비 등})$$

③ 목표이익이 있는 경우의 판매량(Q) 및 매출액(S)

$$\text{목표이익 달성 매출액} = \frac{\text{고정비} + \text{목표이익}}{1 - \frac{\text{변동비}}{\text{매출액}}} = \frac{\text{고정비} + \text{목표이익}}{\text{공헌이익률}}$$

㉠ 법인세가 없는 경우

$$Q = \frac{총고정비 + 목표이익}{단위당\ 판매가격 - 단위당\ 변동비} = \frac{총고정비 + 목표이익}{단위당\ 공헌이익}$$

$$S = \frac{총고정비 + 목표이익}{1 - 변동비율} = \frac{총고정비 + 목표이익}{공헌이익률}$$

㉡ 법인세가 있는 경우

$$Q = \frac{총고정비 + \dfrac{목표이익}{(1 - 법인세율)}}{단위당\ 판매가격 - 단위당\ 변동비} = \frac{총고정비 + \dfrac{목표이익}{(1 - 법인세율)}}{단위당\ 공헌이익}$$

$$S = \frac{총고정비 + \dfrac{목표이익}{(1 - 법인세율)}}{1 - 변동비율} = \frac{총고정비 + \dfrac{목표이익}{(1 - 법인세율)}}{공헌이익률}$$

(5) 안전한계(Margin of Safety : MS)

안전한계란 실제 또는 예산매출액이 손익분기점의 매출액을 초과하는 금액을 말한다. 안전한계를 총매출액에 대한 비율로 표시한 것을 안전한계율(M/S비율)이라 한다.

$$안전한계 = 매출액 - 손익분기점\ 매출액$$

$$안전한계율 = \frac{안전한계}{매출액} = \frac{매출액 - 손익분기점\ 매출액}{매출액}$$

안전한계는 손실을 발생시키지 않으면서 허용할 수 있는 매출액의 최대감소액을 의미하므로, 안전한계율이 높을수록 기업의 안전성이 높다고 할 수 있다. 따라서 안전한계율을 기업의 안전성을 측정하는 지표로 많이 이용된다.

예 현재 매출액이 ₩100,000이고, 손익분기점 매출액이 ₩75,000이라면 M/S비율은 $\frac{(₩100,000 - ₩75,000)}{₩100,000} = 0.25$가 되고, 손익분기점 비율은 $\frac{₩75,000}{₩100,000} = 0.75$가 된다. 즉, 안전한계율 + 손익분기점 비율 = 1이 된다.

(6) 복수제품의 CVP분석

두 가지 이상의 제품을 판매하는 경우에 있어서의 손익분기점과 단일 제품의 손익분기점과의 차이는 분모에 계상되는 공헌이익 대신에 꾸러미가중공헌이익이 사용된다는 것이다. 꾸러미가중공헌이익이란 공헌이익을 매출비율로 가중평균한 것을 말한다.

제6장 표준원가계산

1. 표준원가계산의 일반

(1) 표준원가계산의 의의

표준원가계산제도란 직접재료원가, 직접노무원가, 제조간접원가와 같은 모든 원가요소에 대해서 과학적 방법과 통계적 방법에 의하여 표준이 되는 원가를 미리 설정하고 이를 실제 발생한 원가와 비교하여 그 차이를 분석함으로써 원가계산과 성과평가를 동시에 할 수 있는 원가계산방법이다.

(2) 표준원가계산의 유용성

① 제품원가계산의 신속·단순화

② 원가통제 및 성과평가

③ 계획수립

2. 원가요소별 표준원가의 설정

(1) 원가요소별 표준원가의 설정

표준원가란 제품 한 단위를 완성하기 위해서 달성가능하고 달성되어야 할 목표원가이다. 또는 제품의 생산시에 기대되는 원가로서 사전에 과학적인 방법(예 시간연구, 동작연구)에 의해서 제품을 제조하기 이전에 결정된다.

① 표준직접재료원가

> 표준직접재료원가 = 재료 단위당 표준가격(SP) × 허용 표준투입량(SQ)

여기에서 허용 표준투입량 = 실제산출량 × 산출량 단위당 표준투입량으로 계산되는데 이는 실제산출량에 대해서 허용할 수 있는 투입량을 의미한다.

② 표준직접노무원가

> 표준직접노무원가 = 시간당 표준임률(SP) × 허용 표준투입시간(SQ)

여기에서 허용 표준투입시간 = 실제산출량 × 산출량 단위당 표준투입시간으로 계산되는데 실제산출량에 대해서 허용할 수 있는 투입시간을 의미한다.

③ 표준제조간접원가

> 표준변동제조간접원가 = 조업도 단위당 표준배부율(SP) × 허용 표준투입조업도(SQ)

여기에서 허용 표준투입조업도 = 실제산출량 × 산출량 단위당 표준투입조업도로
계산되는데 실제산출량에 대해서 허용할 수 있는 조업도(투입량)를 의미한다.

> 표준고정제조간접원가 = 조업도 단위당 표준배부율(SP) × 허용 표준투입조업도(SQ)

(2) 원가요소별 원가차이분석

① 차이분석의 의의

원가차이는 유리한 차이(favorable variance, F)와 불리한 차이(unfavorable variance, U)로 나누어지는데, 전자는 실제원가가 표준원가보다 적게 발생하여 영업이익을 증가시키는 차이다.

> 유리한 차이: 실제원가 < 표준원가
> 불리한 차이: 실제원가 > 표준원가

⊞ 차이분석 일반모형

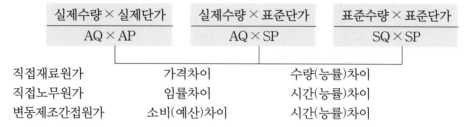

실제수량 × 실제단가	실제수량 × 표준단가	표준수량 × 표준단가
AQ × AP	AQ × SP	SQ × SP

	가격차이	수량(능률)차이
직접재료원가	가격차이	수량(능률)차이
직접노무원가	임률차이	시간(능률)차이
변동제조간접원가	소비(예산)차이	시간(능률)차이

② 직접재료원가 차이분석

㉠ 원재료 사용시점에서 분리하는 경우

직접재료원가 총차이는 실제직접재료원가와 실제산출(생산)량에 허용된 표준 직접재료원가의 차이를 말한다.

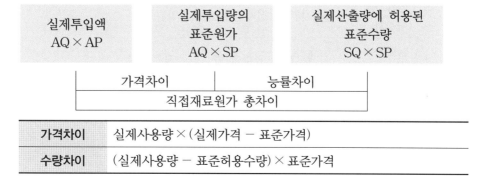

실제투입액 AQ × AP	실제투입량의 표준원가 AQ × SP	실제산출량에 허용된 표준수량 SQ × SP
	가격차이	능률차이
	직접재료원가 총차이	

가격차이	실제사용량 × (실제가격 − 표준가격)
수량차이	(실제사용량 − 표준허용수량) × 표준가격

ⓛ 구입시점에서 분리하는 경우

직접재료원가 가격차이를 구입시점에서 분리하면 구매담당자의 성과평가를 빨리 할 수 있고, 구매담당자가 이를 즉시 인식하여 잘못한 부분을 시정할 수 있기 때문에 원가관리 및 성과평가를 위해서는 더 좋다고 할 수 있다.

원재료 구입시점에서 구입가격차이를 분리하는 경우 직접재료 구입가격차이는 구입량을 기초로 계산된다. 그러나 두 방법 모두 직접재료비 능률차이는 사용량을 기준으로 계산된다. 따라서 능률차이는 두 방법 모두 동일하다.

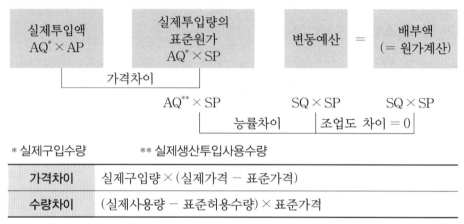

* 실제구입수량　　　　** 실제생산투입사용수량

가격차이	실제구입량 × (실제가격 − 표준가격)
수량차이	(실제사용량 − 표준허용수량) × 표준가격

③ **직접노무원가 차이분석**

직접노무원가 총차이는 실제직접노무원가와 실제생산량에 허용된 표준직접노무원가의 차이이다.

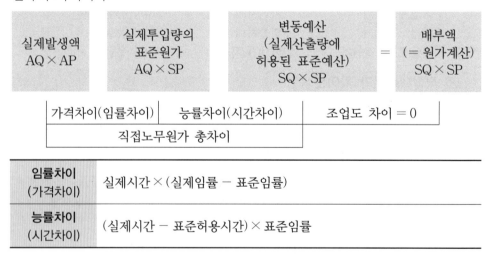

임률차이 (가격차이)	실제시간 × (실제임률 − 표준임률)
능률차이 (시간차이)	(실제시간 − 표준허용시간) × 표준임률

④ **변동제조간접원가 차이분석**

변동제조간접원가 총차이는 실제변동제조간접원가와 실제산출(생산)량에 허용된 표준변동제조간접원가의 차이를 말한다.

실제발생액	실제투입량에 대한 예산	실제산출량에 대한 변동예산	=	실제산출량에 대한 배부액
실제시간 × 실제배부율	실제시간 × 표준배부율	실제산출량에 허용된 표준허용시간 × 표준배부율		(=원가계산)
$AQ \times AP$	$AQ \times SP$	$SQ \times SP$	=	$SQ \times SP$

	소비차이	능률차이(시간차이)	조업도 차이	
	변동제조간접원가 총차이(예산차이)		₩0	

소비차이	실제시간 × (실제변동제조간접비 배부율 − 표준변동제조간접비 배부율)
능률차이	(실제시간 − 표준허용시간) × 표준변동제조간접비 배부율

⑤ **고정제조간접원가 차이분석**

고정제조간접원가 총차이는 실제고정제조간접원가와 고정제조간접원가 배부액과의 차이이다. 이 경우 고정제조간접원가 배부액은 실제산출(생산)량에 허용된 표준조업도에 조업도 단위당 고정제조간접원가 표준배부율을 곱한 금액이다.

실제발생액 $AQ \times AP$	실제투입량에 대한 예산(F)	=	실제산출량에 대한 예산(F)	배부(원가계산) $SQ \times SP$
	소비(예산)차이		조업도 차이	
	고정제조간접원가 총차이			

소비(예산)차이	실제발생액 − 예산액
조업도차이	예산액 − 표준허용시간 × 고정제조간접원가 표준배부율* * 고정제조간접원가 표준배부율 = $\dfrac{\text{고정제조간접원가예산액}}{\text{기준조업도}}$

제7장 \ 의사결정

Thema 01 \ 의사결정의 개념

1. 의사결정의 의의와 접근방법

의사결정이란 어떤 목적이나 목표를 가장 효과적으로 달성하기 위해서 여러 가지 선택 가능한 대안들 중에서 최적의 대안을 선택하는 것을 말한다. 단기의사결정은 의사결정의 영향이 비교적 짧은 기간(1년 이내)에 이루어지는 것을 말하는 것으로, 여기에는 다음과 같은 것들이 있다.

단기의사결정	일상적 의사결정	판매계획 수립, CVP분석
	특수의사결정	관련원가분석
장기의사결정	자본예산	

2. 관련원가와 비관련원가

관련원가(relevant cost)란 여러 대안 사이에 차이가 발생하는 미래원가로서 의사결정을 하는 데 직접적으로 관련되는 원가로서 의사결정시 고려해야 할 원가이다. 비관련원가(irrelevant cost)란 여러 대안 사이에 차이가 발생하지 않는 원가로서 의사결정을 하는 데 관련이 없어서 고려할 필요가 없는 원가를 말한다. 의사결정시 고려해야 할 원가는 관련원가이지 매몰원가나 비관련원가는 아니다. 따라서 의사결정시 무엇이 관련원가이고 비관련원가인지를 잘 파악해야 한다.

원 가	미래원가	각 대안 간에 차이가 있는 미래원가	관련원가
		각 대안 간에 차이가 없는 미래원가	비관련원가
	매몰원가(기발생원가, 역사적원가)		

(1) 관련원가

관련원가란 의사결정 대안 간에 차이가 나는 차액원가로서 의사결정의 주요분석대상이며 대표적인 관련원가는 회피가능원가와 기회비용이다.

① 회피가능원가

회피가능원가란 특정대안을 포기하면 발생하지 않는 원가로서 회피가능원가의 대부분은 변동원가이며 일부의 고정원가도 회피가능원가이다.

② **기회비용**

기회비용이란 선택가능한 대안 중 하나의 대안을 선택함으로써 포기해야 하는 다른 대안 중 최선의 대안의 기대효익을 의미한다. 기회원가는 회계장부에는 기록되지 않지만 대체안을 평가하는 의사결정과정에서는 반드시 고려해야 한다.

(2) 비관련원가

비관련원가는 의사결정시 고려하지 않아도 무방한 원가로서 의사결정에 영향을 미치지 못하는 원가이다. 이러한 비관련원가에는 매몰원가와 의사결정대안 간에 차이가 없는 미래원가 등이 있다.

① **매몰원가**

매몰원가(sunk cost)란 과거의 의사결정으로부터 발생한 역사적 원가로서 현재 또는 미래의 의사결정시 고려할 필요가 없는 원가를 말한다. 왜냐하면 의사결정은 미래를 대상으로 하기 때문에 과거에 이미 발생한 원가는 현재의 의사결정과는 관계없이 이미 발생되어 어떤 의사결정을 하든 발생사실 자체를 변경하거나 부인할 수 없으므로 경영자가 통제할 수 없기 때문이다.

② **의사결정 간에 차이가 없는 미래원가**

어느 대안을 선택하든지 차이가 없이 발생하는 미래원가는 의사결정시 고려할 필요가 없다.

관련원가	회피가능원가, 미래원가, 기회원가, 차액원가
비관련원가	회피불능원가, 역사적원가(매몰원가), 비차액원가

3. 특수의사결정

(1) 특별주문의 수락여부결정

정가보다 낮은 가격으로 대량구입을 희망할 경우의 주문을 특별주문이라 하는데 경영자는 이런 비경상적인 주문을 수락할 것인가 거부할 것인가를 결정하여야 한다. 이 경우에 특별주문으로 증가되는 수익과 발생하는 변동원가만을 고려하여 수락여부를 결정하여야 한다. 특별주문시 고려해야 할 질적 요소로는 할인판매함으로써 기존 시장을 교란시키지 않았는지 유휴생산설비가 충분히 존재하는지의 여부 등이다.

> 증분수익 − 증분비용 > 0 ⇨ 특별주문 수락
> 증분수익 − 증분비용 < 0 ⇨ 특별주문 거부

의사결정기준	의사결정
① 유휴설비능력이 존재하는 경우 증분수익(특별주문가격) > 증분원가	특별주문 수락
② 유휴설비능력이 존재하고 대체적 용도가 있는 경우 특별주문가격 > (증분원가 + 기회원가)	특별주문 수락
③ 유휴설비능력이 존재하지 않는 경우 특별주문가격 > (증분원가 + 추가설비원가 + 기존판매량 감소분 공헌이익)	특별주문 수락

(2) 자가제조 또는 외부구입

자가제조할 것인지 외부구입할 것인지에 대한 의사결정을 하는 경우에는 자가제조 시의 단위당 제조원가와 외부구입시의 단위당구입원가를 비교해서 결정하여야 한다. 자가제조시의 제조원가에 포함되는 관련원가는 유휴설비의 대체적인 용도가 없는 경우에는 변동제조원가가 되며, 유휴설비의 대체적인 용도가 있는 경우에는 변동제 조원가뿐만 아니라 유휴설비를 대체적 용도에 사용함에 따른 이익(즉, 유휴설비의 기회비용)도 포함된다.

> 외부구입가격 > 회피가능원가 + 기회비용 ⇨ 자가제조
> 외부구입가격 < 회피가능원가 + 기회비용 ⇨ 외부구입

의사결정기준	의사결정
① 기존설비의 대체적 용도가 있는 경우 증분수익(변동원가 + 회피가능고정원가 + 기회원가) > 증분비용(구입가격)	외부구입
② 기존설비의 대체적 용도가 없는 경우 증분수익(변동원가 + 회피가능고정원가) > 증분비용(구입가격)	외부구입

(3) 생산요소의 제약이 있는 경우의 의사결정

기업은 여러 제품에 공통적으로 투입되는 생산요소의 공급이 한정되어 있는 경우 제 한된 자원을 최대한 효율적으로 이용하여 총공헌이익을 극대화하여야 한다.

① **생산요소의 제약이 없는 경우**

수요가 있는 한 제품 단위당 공헌이익이 가장 큰 제품을 우선적으로 생산한다.

② **생산요소의 제약이 있는 경우**

㉠ 생산요소의 제약이 한 개인 경우 : 수요가 있는 한 제약요소 단위당 공헌이익 이 가장 큰 제품을 우선적으로 생산한다.

ⓛ 생산요소의 제약이 두 개인 경우 : 선형계획법, 도해법 등을 이용하여 제품생산을 결정한다.

$$제약자원\ 단위당\ 공헌이익 = \frac{제품단위당\ 공헌이익}{제품단위당\ 제약자원사용량}$$

(4) 중간제품의 추가가공여부

중간제품의 판매가치 > 중간제품의 순실현가치 ⇨ 중간제품으로 판매
중간제품의 판매가치 < 중간제품의 순실현가치 ⇨ 추가가공하여 판매

* 순실현가치 : 최종제품의 판매가치 − 추가가공비 및 추가판매비용

Thema 02 \ 종합예산

(1) 종합예산의 편성

종합예산의 출발점은 판매예산이다. 수요예측에 근거하여 판매량을 예상하여 판매예산을 수립한 다음 재고계획을 고려하여 생산량이 결정되고 생산량에 근거하여 제조원가예산을 수립한다.

종합예산의 편성절차는 제품원가계산과 정반대로 이루어진다.

① 제품원가계산 과정

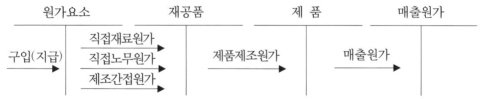

② 종합예산 편성과정

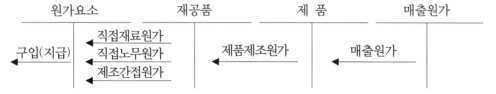

(2) 판매예산

$$판매예산 = 예상판매량 \times 예상판매가격$$
$$= (예상시장규모 \times 목표시장점유율) \times 예상판매가격$$

(3) 제조예산

생산량예산 = 판매량 + (기말제품재고수량 - 기초제품재고수량)

제 품	
기초제품수량	판매수량
생산량예산 (당기완성수량)	기말제품수량

(4) 제조원가예산

① 직접재료원가예산

직접재료원가예산 = 생산량 × 제품단위당 직접재료 투입량 × 예상 구입단가
직접재료구입예산 = (투입량 + 기말재고수량 - 기초재고수량) × 예상 구입단가

재 료	
기초재고수량	투입(소비)량
구입예산수량	기말재고수량

② 직접노무원가예산

직접노무원가예산 = (생산량 × 제품단위당 직접노동시간) × 시간당 임률

(5) 매출원가예산

매출원가예산 = 기초제품재고액 + 제품제조원가예산 - 기말제품재고액

제 품	
기초제품수량	매출원가예산
제품제조원가예산 (당기완성수량)	기말제품수량

(6) 현금예산

현금의 유출 및 유입에 관한 계획수립

Memo

2025 제28회 시험대비 전면개정

박문각 주택관리사 핵심요약집 1차 회계원리

초판인쇄 | 2025. 4. 10. **초판발행** | 2025. 4. 15. **편저** | 김종화 외 박문각 주택관리연구소
발행인 | 박 용 **발행처** | (주)박문각출판 **등록** | 2015년 4월 29일 제2019-000137호
주소 | 06654 서울시 서초구 효령로 283 서경 B/D 4층 **팩스** | (02)584-2927
전화 | 교재 주문 (02)6466-7202, 동영상문의 (02)6466-7201

판 권
본 사
소 유

정가 18,000원

ISBN 979-11-7262-771-3 | ISBN 979-11-7262-770-6(1차 세트)